讀圖識中國

商務印書館

本書由人民教育出版社有限公司授權出版

人民教育出版社地圖編輯室　天域北斗數碼測繪科技有限公司　編寫

部分圖片和文字由商務印書館編輯部 編寫

讀圖識中國

主　　　編：萬必文　陳志輝

地圖繪製：楊毅　劉英

插畫繪製：王國棟

責任編輯：徐昕宇

封面設計：張毅

出　　　版：商務印書館（香港）有限公司

　　　　　　香港筲箕灣耀興道 3 號東滙廣場8樓

　　　　　　http://www.commercialpress.com.hk

發　　　行：香港聯合書刊物流有限公司

　　　　　　香港新界荃灣德士古道 220-248 號荃灣工業中心 16 樓

印　　　刷：美雅印刷製本有限公司

　　　　　　九龍官塘榮業街 6 號海濱工業大廈 4 樓 A 室

版　　　次：2024 年 9 月第 1 版第 6 次印刷

　　　　　　© 2017 商務印書館（香港）有限公司

　　　　　　ISBN 978 962 07 5782 2

　　　　　　Printed in Hong Kong

目錄

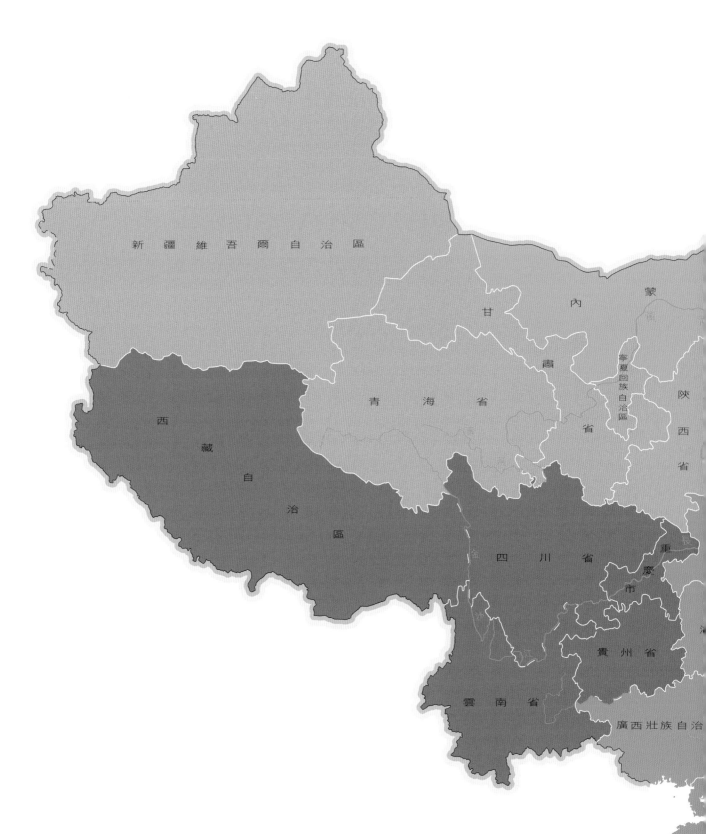

中國

(用顏色區別不同地區)

北京市	河南省
北京市區	湖北省
天津市	湖南省
河北省	廣東省
山西省	廣西壯族自治區
內蒙古自治區	海南省

遼寧省	重慶市
吉林省	四川省
黑龍江省	貴州省
	雲南省
	西藏自治區

上海市	陝西省
江蘇省	甘肅省
浙江省	青海省
安徽省	寧夏回族自治區
福建省	新疆維吾爾自治區
江西省	
山東省	

香港特別行政區
澳門特別行政區
台灣省
釣魚島列島
南海諸島

黑龍江省

區

治

自

河
北
省

吉 林 省

遼寧省

自治

渤海

北京市
天津市

山 東 省

黃 海

江
蘇
省

安
徽
省

上海市

省

江

蘇

省

浙 江 省

東

海

江
西
省

福 建 省

台
灣
省 台灣島

台
灣
海
峽

赤尾嶼

釣魚島

香港特別行政區
澳門特別行政區

東沙群島

南 海

南海諸島

怎麼使用這本書

(以海南省為例，介紹這本書的基本結構)

○ **定位地圖**
表示本地區在中國的位置。

○ **插畫及説明**
展示並描述這一地區的名勝古蹟、民族人物、特色民居、風俗文化、風味特產、珍稀動植物、主要產業等。

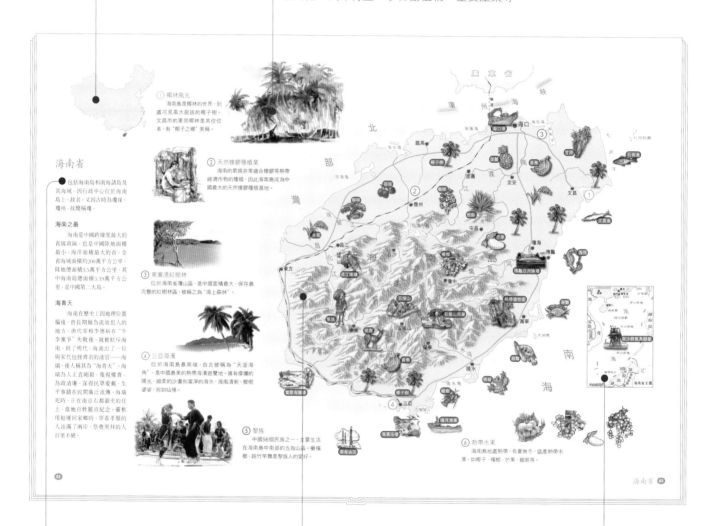

① 椰林風光
海南島是椰林的世界，到處可見高大挺拔的椰子樹。文昌市的東郊椰林是其佼佼者，有"椰子之鄉"美稱。

② 天然橡膠種植業
海南的氣候非常適合橡膠等熱帶經濟作物的種植，因此海南島成為中國最大的天然橡膠種植基地。

③ 東寨港紅樹林
位於海南省瓊山區，是中國面積最大、保存最完整的紅樹林區，被稱之為"海上森林"。

④ 三亞海濱
位於海南島最南端，自古被稱為"天涯海角"，是中國最美的熱帶海濱遊覽地，擁有燦爛的陽光、細柔的沙灘和潔淨的海水，海風清新，椰樹婆娑，宛如仙境。

⑤ 黎族
中國56個民族之一，主要生活在海南島中南部的五指山區。喜檳榔、跳竹竿舞是黎族人的愛好。

⑥ 熱帶水果
海南島地處熱帶，長夏無冬，盛產熱帶水果，如椰子、檳榔、芒果、龍眼等。

海南省
包括海南島和南海諸島及其海域。因行政中心位於海南島上，故名之。又因古時為瓊崖、瓊州，故簡稱瓊。

海南之最
海南是中國跨緯度最大的省級政區，也是中國陸地面積最小、海洋面積最大的省。全省海域面積約200萬平方公里，陸地總面積3.5萬平方公里，其中海南島總面積3.39萬平方公里，是中國第二大島。

海青天
海南在歷史上因地理位置偏遠，曾是期做為流放犯人的地方。唐代宰相李德裕在"牛李黨爭"失敗後，就被貶斥海南。到了明代，海南出了一位與宋代包括齊名的清官——海瑞，後人稱其為"海青天"。海瑞為人正直剛毅、蔑視權貴，為政清廉，深得民眾愛戴。生平事蹟在民間廣泛流傳。海瑞死時，正在南京右都御史的任上，當地百姓罷市紀念。靈柩用船運回家鄉時，穿著孝服的人站滿了兩岸，景象哭時的人百里不絕。

○ **文史漫談**
介紹地名由來，與主題或當地相關的成語典故、文學作品、歷史知識等。

○ **區域地圖**
以地貌寫真的形式展示當地的地理景觀，以及主要城鎮、道路交通、名勝、物產等分佈狀況。

○ **插圖**
展示與主圖相關，但又不在主圖內的地區。

iv

圖例

○ 境界
○ 鐵路
○ 名勝古蹟
○ 長城
○ 首都
○ 對蝦
○ 河流
○ 山脈
○ 海洋
○ 水庫、湖泊
○ 土特產
○ 省會城市
○ 一般城鎮
○ 運河
○ 高速公路
○ 農作物
○ 主要產業

木蘭圍場
圍場
承德外八廟
遼
寧
省
張北口蘑
壩上草原
豐寧
栗
承德
④
宣化葡萄
張家口
懷來
北
京
市
清東陵
遷安鐵礦
玉米
陽原
官廳水庫
遵化
遷安
秦皇島
③
開灤煤礦
⑥
淶源
易縣
②
三河
唐山
天
京唐港
小黃魚
白洋淀
廊坊
津
曹妃甸新首鋼
狼牙山
保定
華北油田
市
渤
海
灣
渤 海
阜平
鴨梨
定州
山
西
省
平山
石家莊
小麥
滄州
滄州武術
黃驊港
趙縣
衡水
吳橋
⑤
①
玉米
山
邢台
清河
東
邯鄲鋼鐵
棉花
省
邯鄲

河 南 省

中國的發展與飛躍

　　"一去二三里，煙村四五家。亭台六七座，八九十枝花。"這是北宋學者邵雍的《山村詠懷》。美國著名投資人吉姆·羅傑斯（Jim·Rogers）的女兒曾在公開場合，以嫻熟的中文聲情並茂地背誦它。引發觀者讚歎。而在2017年11月10日的香港亞洲金融科技發展會上，吉姆·羅傑斯直言："19世紀是屬於英國的，20世紀是屬於美國的，而21世紀是屬於中國的。"

　　21世紀剛剛開篇不足20年，中國已躍升為世界第二大經濟體，提出了"一帶一路"、"中華民族偉大復興"、"中國夢"、"構建人類命運共同體"等倡議和發展理念。

　　從2012年至2017年，在經濟、科技、生態發展等多個領域，中國已取得了一系列令人矚目的成就。

中國天眼

　　500米口徑球面射電望遠鏡（FAST），位於貴州省黔南布依族苗族自治州平塘縣，於2016年9月25日啟用。是中國擁有自主知識產權、世界最大單口徑、最靈敏的射電望遠鏡。

水利

　　中國水電裝機容量截至2016年底達到3.3億千瓦，穩居世界第一。位於川滇交界金沙江下游的溪洛渡水電站，2014年投產運行，是中國第二、世界第三大水電站。

遼寧號航空母艦

　　遼寧艦是中國人民解放軍海軍第一艘航空母艦，前身是蘇聯海軍的瓦良格號，1999年由中國購買並建造改進，2012年9月25日正式交接入列。

大型客機 C919

　　是中國按照國際民航規章自行研製，具有自主知識產權的大型噴氣式民用飛機，座級158-168座，航程4075-5555公里。2017年5月5日成功首飛。

墨子號

　　中國首顆量子通信衛星以先賢"墨子"命名，於2016年8月16日發射升空。這使中國在世界上首次實現衛星和地面之間的量子通信，構建天地一體化的量子保密通信與科學實驗體系。

生態綠化

　　五年時間裏，中國共完成造林4.5億畝、森林撫育6億畝，成為全球森林資源增長最多的國家。

高速鐵路網

　　中國已建成世界上規模最大、運營速度最快、具有完全自主知識產權的高速鐵路網路。截至目前，中國高鐵運營里程突破2.2萬公里，已形成 "四縱四橫" 的高鐵客運網絡，超過世界其他國家高鐵里程之和。

哈爾濱

長春

瀋陽

大連

呼和浩特

北京
天津

銀川

太原　石家莊

濟南

青島

西寧

蘭州

西安

鄭州

徐州

蚌埠

合肥

成都

南京　上海

重慶

武漢

杭州　寧波

南昌

長沙

福州

台北

貴陽

昆明

廣州　深圳

南寧

澳門　香港

海口

廣州　香港
南寧　澳門

海口

南海諸島

蛟龍號

　　是由中國自行設計、自主集成研製的載人潛水器，也是目前世界上下潛能力最深的作業型載人潛水器。2017年6月27日，"蛟龍號" 在西太平洋的馬里亞納海溝成功到達7020米海底，創造了新的世界紀錄。

貿易

　　2013年中國首次成為世界第一貨物貿易大國，作為全球第一大出口國、第二大進口國，出口市場份額保持13%以上。

港珠澳大橋

　　連接香港、珠海、澳門的超大型跨海通道，全長55公里，2017年7月全線貫通。是世界最長的跨海大橋，其沉管隧道是全球最長的公路沉管隧道和全球唯一的深埋沉管隧道。

中國在地球上的位置

從南北半球看，中國位於北半球；從東西半球看，中國位於東半球；從海陸位置看，中國位於亞歐大陸的東部，太平洋的西岸，是一個海陸兼備的國家。

中國的疆域

歷史上的中國

古代中國與古埃及、古巴比倫、古印度、古希臘並稱為文明古國，是世界文明發源地之一。和其他文明古國一樣，中國也是從小小的原始部落和小小的地區，不斷和其他的部落聯合、融合和擴張，從而形成規模龐大的國家。

中國歷史上的漢、唐、元、明、清等朝代，都是疆域遼闊、人口眾多的龐大帝國。但是這些帝國的疆域與今天中國的疆域並不完全一致，有些還有着很大區別。中國今天的疆域，大致是在明、清時期奠定的。

與古埃及、古巴比倫、古印度相比，中國是連續的文明。當研究其他古文明時，現代人一直不能解讀他們祖先的文字，以致難以了解自己的文明之始末，而現代的中國人卻能讀通幾千年前的文字——甲骨文，了解中華祖先的文明。

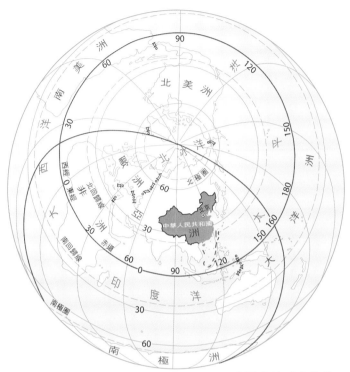

中國在地球上的位置

中國的疆域

中國疆域遼闊，既有蒼茫的陸地國土，也有廣袤的海洋國土。陸地面積約960萬平方公里，僅次於俄羅斯和加拿大，居世界第三位；海域面積約300萬平方公里，是世界上為數不多的海洋大國之一。中國疆界綿長，陸地國界線長達20000多公里，大陸海岸線長達18000多公里。

中國疆域四至點

中國疆域在東、西、南、北四個方向上的最遠點，通常稱為中國疆域的"四至點"，分別是：東至黑龍江與烏蘇里江主航道中心線的匯合處，西至帕米爾高原，北至漠河縣北部的黑龍江主航道中心線，南至南沙群島的曾母暗沙。

帕米爾高原   烏蘇里江

中國領土東西端的晨昏差異

中國東西經度相差約62度，時差4小時以上。當帕米爾高原還是滿天星斗的黑夜時，烏蘇里江的江面已經灑滿陽光。

中國的疆域

海南島

黑龍江

中國領土南北部的季節差異

　中國南北緯度相差近50度，當海南島進入春耕季節時，黑龍江還是一片冰天雪地。

中國的陸上鄰國

中國總共與20個國家相鄰。其中14個為陸上鄰國，分別是：朝鮮、俄羅斯、蒙古、哈薩克斯坦、吉爾吉斯斯坦、塔吉克斯坦、阿富汗、巴基斯坦、印度、尼泊爾、不丹、緬甸、老撾、越南。

中國的鄰邦

歷史上，中國與周邊國家的關係一直十分密切。漢朝時，相繼有張騫、班超等出使西域，一直抵達中亞的阿富汗、烏茲別克一帶。唐朝時，不但有高僧玄奘西行印度求佛法，鑒真東渡日本傳播佛法，日本還有大批遣唐使來華學習。明朝永樂十五年（1417年），蘇祿國（今菲律賓蘇祿群島）東王帶領龐大使團到中國訪問，受到明成祖的禮遇。後來，東王不幸在中國病逝，被安葬在山東德州。此外，中國與朝鮮半島、越南等國的關係，也是十分密切的。

中國的陸上鄰國

在中國做官的日本人

李白有一首《哭晁卿衡》"日本晁衡辭帝都，征帆一片繞蓬壺，明月不歸沉碧海，白雲愁色滿蒼梧。"晁衡，本名阿倍仲麻呂，日本人，唐開元四年（716年），被日本政府派到唐朝學習，後留在唐朝做官，與李白等人交往密切。天寶十二年（753年），晁衡歸國時，傳聞他在海上遇難，李白聽了十分悲痛，揮淚寫下了這首詩。

朝鮮　　俄羅斯　　蒙古　　哈薩克斯坦

吉爾吉斯斯坦　　塔吉克斯坦　　阿富汗　　巴基斯坦

印度　　尼泊爾　　不丹　　緬甸　　老撾　　越南

中國的海上鄰國

　　中國與8個國家海上為鄰，分別是：朝鮮、韓國、日本、菲律賓、馬來西亞、文萊、印度尼西亞、越南。其中，朝鮮、越南既是海上鄰國，又是陸上鄰國，其他6個國家與中國隔海相望。

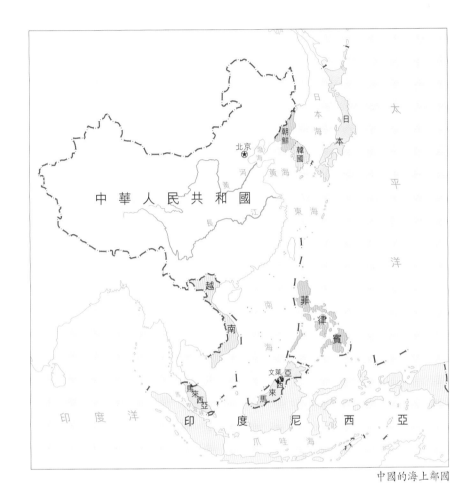

中國的海上鄰國

朝鮮

韓國

日本

菲律賓

馬來西亞

文萊

印度尼西亞

越南

中俄邊境的滿洲里國門

守衛南沙群島的中國軍人

中國省級行政區域的劃分

中國的行政區劃採用省（自治區、直轄市、特別行政區）、縣（自治縣、市）、鄉（自治鄉、鎮）三級區劃。目前，中國共有省級行政單位34個，其中包括23個省、5個自治區、4個直轄市和2個特別行政區。

中國的行政區劃

面積之最

最大

新疆總面積166.49萬平方公里，佔中國陸地總面積的1/6，周邊與8個國家接壤，陸地邊境線長達5600多公里，佔中國陸地邊境線的1/4，是中國面積最大、陸地邊境線最長、毗鄰國家最多的省區。

最小

澳門的總面積為32.9平方公里，約是香港的1/34、新加坡的1/22。

人口之最

最多

截至2011年4月29日，按常住人口分，排在前五位的是廣東、山東、河南、四川和江蘇。其中廣東省常住人口達到1.04億，佔全國總人口的8%，是中國人口最多的省。

最少

截至2011年，澳門特別行政區共55.8萬人，是中國人口最少的省級行政區。而西藏自治區人口為300.22萬人，不但是內地人口最少的省，也是中國人口密度最低的省（每平方公里不足3人）。

中華人民共和國國徽

中華人民共和國國旗

巧記地名

有一則關於中國34個省級行政單位名稱的順口溜：

五個民族自治區，新藏寧桂內蒙古；
兩個特別行政區，港澳回歸人鼓舞；
四個中央直轄市，北方京津南滬渝；
晉冀粵瓊湘鄂豫，浙皖閩贛台蘇魯；
滇貴川，陝青甘，遼吉黑省東北住。

新疆維吾爾

西藏

◎ 省級行政

中國省級行政單位簡表

名稱	簡稱	行政中心	名稱	簡稱	行政中心
北京市	京	北京	江蘇省	蘇	南京
天津市	津	天津	浙江省	浙	杭州
河北省	冀	石家莊	安徽省	皖	合肥
山西省	晉	太原	福建省	閩	福州
內蒙古自治區	內蒙古	呼和浩特	江西省	贛	南昌
遼寧省	遼	瀋陽	山東省	魯	濟南
吉林省	吉	長春	河南省	豫	鄭州
黑龍江省	黑	哈爾濱	湖北省	鄂	武漢
上海市	滬	上海	湖南省	湘	長沙

名　稱	簡　稱	行政中心
廣東省	粵	廣州
廣西壯族自治區	桂	南寧
海南省	瓊	海口
重慶市	渝	重慶
四川省	川	成都
貴州省	黔（貴）	貴陽
雲南省	滇	昆明
西藏自治區	藏	拉薩

名　稱	簡　稱	行政中心
陝西省	陝	西安
甘肅省	甘（隴）	蘭州
青海省	青	西寧
寧夏回族自治區	寧	銀川
新疆維吾爾自治區	新	烏魯木齊

名　稱	簡　稱	行政中心
香港特別行政區	港	香港
澳門特別行政區	澳	澳門
台灣省	台	台北

多民族的國家

在中國遼闊的土地上，生活着漢、壯、滿、回、苗、維吾爾、土家、彝、蒙古、藏等56個民族。其中，漢族人口最多，約佔全國人口總數的91.6％。另外55個民族約佔8.4％，統稱少數民族。少數民族主要分佈在中國西南、西北和東北地區。中國各民族的分佈有"大雜居，小聚居"的特點。

中國少數民族與漢族人口的比重

漢族 91.6%

少數民族 8.4%

中國的民族分佈

人口最少的民族

珞巴族是中國人口最少的民族，僅有3000人。主要分佈在西藏東起察隅，西至門隅之間的珞渝地區，以米林、墨脱、察隅、隆子、朗縣等最為集中。"珞巴"是藏族對他們的稱呼，意為"南方人"。珞巴族主要從事農業和狩獵。有自己的語言，但沒有本民族文字，長期保留着刻木結繩記數記事的原始方法。

人口最多的少數民族

壯族是中國人口最多的少數民族，超1700萬，主要分佈在廣西、雲南、廣東和貴州等省區。

各民族服飾外貌圖

漢壯蒙古維吾爾

藏回朝鮮哈薩克

苗彝布依鄂倫春

滿侗哈尼塔吉克

瑤白傈僳達斡爾

黎傣土家鄂溫克

東鄉仫佬珞巴土

巧記民族

有一則關於中國五十六個民族的順口溜：

中華民族兄弟多，五十六族可作歌。

漢壯蒙古維吾爾，藏回朝鮮哈薩克；苗彝布依鄂倫春，滿侗哈尼塔吉克；

瑤白傈僳達斡爾，黎傣土家鄂溫克；東鄉仫佬珞巴土，布朗納西高山畲；

拉祜仡佬水阿昌，撒拉毛南佤錫伯；普米德昂羌保安，門巴裕固怒景頗；

柯爾克孜塔塔爾，烏孜別克京基諾；獨龍赫哲俄羅斯，團結奮鬥建祖國。

中國少數民族自治區分佈

布朗納西高山畲

拉祜仡佬水阿昌

撒拉毛南佤錫伯

普米德昂羌保安

門巴裕固怒景頗

柯爾克孜塔塔爾

烏孜別克京基諾

獨龍赫哲俄羅斯

中國的地理景觀

中國地理的總體特徵

從空中俯瞰中國大地，地勢就像階梯一樣，自西向東，逐漸下降。西部有青藏高原，平均海拔4000米以上，構成了中國地形的第一階梯。第二階梯由內蒙古高原、黃土高原、雲貴高原和塔里木盆地、準噶爾盆地、四川盆地組成，平均海拔1000－2000米。跨過第二階梯東緣的大興安嶺、太行山、巫山和雪峰山，向東直達太平洋沿岸是第三階梯，地勢下降到500米至1000米，自北向南分佈着東北平原、華北平原、長江中下游平原。再向東為中國大陸架淺海區，也就是第四級階梯，水深大都不足200米，蘊藏着豐富的海底資源。

中國南北的分界線

秦嶺——淮河一線，是中國南北地理分界線，此線南北，無論是自然條件、農業生產方式，還是地理風貌以及人民的生活習俗，都有明顯的不同。習慣上稱秦嶺以南為中國南方，秦嶺以北為中國北方。

千姿百態的自然景觀

中國地域遼闊，山地、高原、盆地、平原和丘陵這五種地形都有大面積的分佈，各自呈現出不同的自然景觀。

丘陵 10%

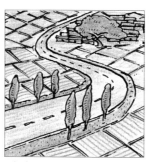

平原 12%

盆地 19%

高原 26%

山地 33%

準噶爾

烏魯

塔　里　木　河

塔里木盆地
塔克拉瑪干沙漠

青　藏

馬　岡

拉　斯　山

納木錯

唐

藏

中國地理的"世界之最"

世界上最高的高原： 青藏高原，平均海拔為4500米，有"世界屋脊"之稱；

世界上最低的盆地： 吐魯番盆地，盆地中的艾丁湖海拔為 −154米，是中國陸地最低點；

世界上最高的山脈： 喜馬拉雅山脈，在全世界14座海拔8000米以上的著名山峰中佔有10座；

世界上最高的山峰： 珠穆朗瑪峰，位於中國和尼泊爾兩國邊界，海拔8844.43米；

世界上最深的峽谷： 雅魯藏布大峽谷，最深可達6009米，平均深度2268米；

世界上最長的運河： 京杭運河，北起北京，南至杭州，全長約1800公里。

現代化的中國交通

中國交通十分發達，陸地上有火車、汽車奔馳，海洋、江河裏有輪船航行，天空中有飛機飛翔。它們相互交織，形成四通八達的交通網絡。

中國的現代化交通

中國古代的交通──亭與驛站

詩人李白《菩薩蠻》裏吟到：“何處是歸程，長亭更短亭。”弘一法師在《送別》一詞裏也吟唱“長亭外，古道邊，芳草碧連天。”古時人們遠行，交通不發達，食宿不便，官府就在道路旁隔一段距離設一處供旅客休息的房子。這樣的房子，最初就叫做“亭”。據說是十里一長亭，五里一短亭。後來，“長亭”成為城市內人們郊遊駐足和分別相送之地。經過文人的詩詞吟詠，逐漸演變成為送別地的代名詞。

驛站是古代供傳遞官府文書和軍事情報的人或來往官員途中食宿、換馬的場所。依照秦朝的制度，在驛站路上大約每十里設一亭，負責給驛傳信使提供館舍、給養等服務。漢高祖劉邦就曾做過秦朝的“亭長”。

圖 例
● 港口
── 主要公路
── 通航河段

中國主要公路、港口

南海諸島

飛機

輪船

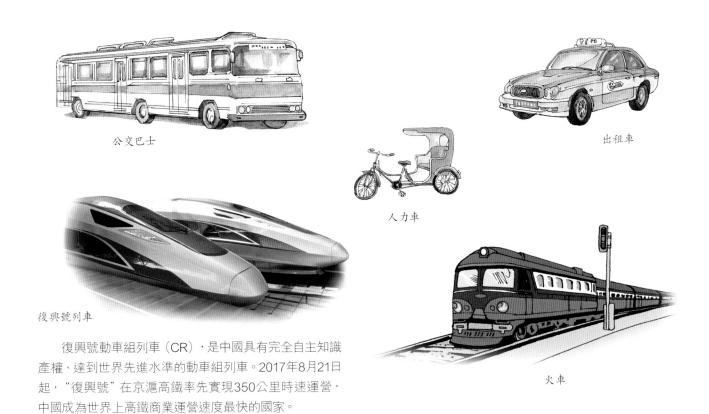

公交巴士

出租車

人力車

復興號列車

火車

　　復興號動車組列車（CR），是中國具有完全自主知識產權、達到世界先進水準的動車組列車。2017年8月21日起，"復興號"在京滬高鐵率先實現350公里時速運營，中國成為世界上高鐵商業運營速度最快的國家。

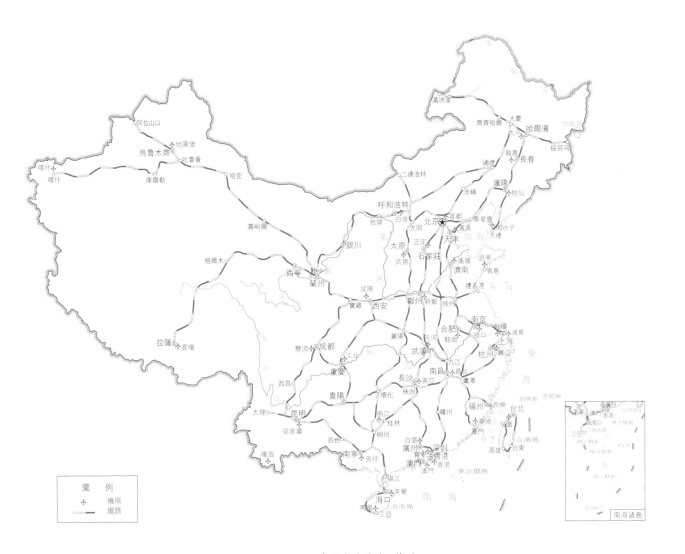

中國主要鐵路、機場

豐富的旅遊資源

中國地域遼闊，歷史悠久，自然景觀多姿多彩，山水風光優美綺麗，文化古蹟輝煌燦爛，民族風情引人入勝，是舉世聞名的旅遊大國，有近200個國家重點風景名勝區。

中國的旅遊資源

中國的世界文化遺產

被聯合國教科文組織和世界遺產委員會確認的中國的43處世界遺產中，文化遺產30項（文化景觀3項），自然遺產9項，文化和自然雙重遺產4項。目前中國的世界遺產數量僅次於意大利，居世界第二位。

避暑山莊外八廟

黃山

杭州西湖

烏魯木齊◎
天山天池

博斯騰湖

莫高窟

拉薩
◎ ⋂ 布達拉宮
雅魯河

長江三峽

日月潭

桂林山水

蘇州園林

故宮

長城

秦陵兵馬俑

圖　例
○ 世界遺產
◎ 國家重點風景名勝區

南海諸島

珍貴的動物資源

　　中國是世界上野生動物種類最多的國家之一，但長期以來由於環境破壞、濫捕濫殺以及自然災害等原因，致使許多動物的數量急劇下降，有的甚至瀕臨滅絕，尤其是一些中國特有的珍稀動物，如東北虎、大熊貓、金絲猴、藏羚羊、白鰭豚、揚子鱷……亟待特別的保護。

中國的珍稀動物

　　中國政府於2004年頒佈了《中華人民共和國野生動物保護法》，其中規定，國家重點保護的野生動物分為一級保護野生動物和二級保護野生動物。

　　1988年頒佈的《國家重點保護野生動物名錄》中列入國家一級保護野生動物有大熊貓、金絲猴、長臂猿、丹頂鶴、白鰭豚、藏羚羊、雪豹、大鯢、東北虎、華南虎、揚子鱷等共90多種。這裏面，大熊貓是最為大家熟悉的珍稀野生動物，廣為世人所喜愛，它的形象還被定為世界自然基金會（WWF）的標誌。

藏羚羊

白鰭豚

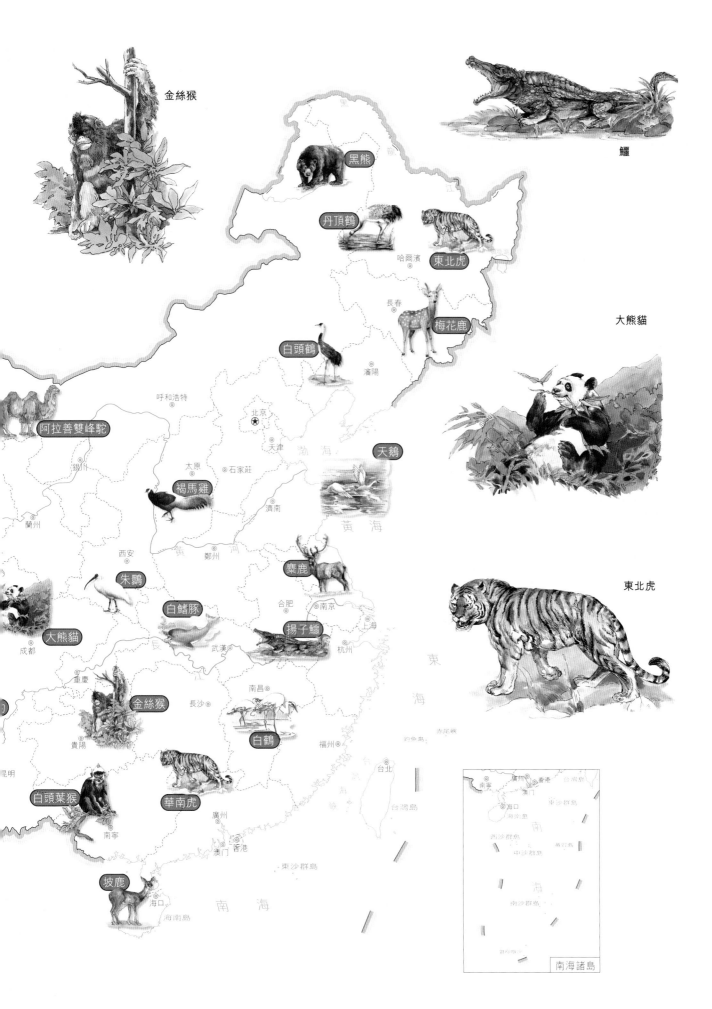

金絲猴

鱷

黑熊

丹頂鶴

東北虎

哈爾濱

長春

梅花鹿

白頭鶴

瀋陽

大熊貓

阿拉善雙峰駝

呼和浩特

北京

天津

渤海

天鵝

太原

石家莊

濟南

黃海

褐馬雞

東北虎

蘭州

西安

黃河

鄭州

麋鹿

朱鸝

合肥

南京

白鰭豚

上海

大熊貓

揚子鱷

武漢

杭州

成都

重慶

東

南昌

長沙

金絲猴

海

貴陽

白鶴

福州

釣魚島

赤尾嶼

昆明

華南虎

台北

白頭葉猴

廣州

台灣島

南寧

澳門

香港

南

東沙群島

海

坡鹿

海口

南海

海南島

廣州

香港

台灣島

南寧

澳門

海口

東沙群島

西沙群島

中沙群島

南

黃岩島

海

南沙群島

曾母暗沙

南海諸島

珍品薈萃的地方特產

中國地方特產品種繁多,既有天然的自然之物,還有精美的手工藝品,更有眾多令人垂涎欲滴的美味佳餚,其種類之多、品質之好,享譽全球。

中國的地方特產

非物質文化遺產

在中國各地的特產中,有一些被稱為"非物質文化遺產",主要是指各民族的口頭傳統、傳統表演藝術、民俗活動和禮儀,以及民間傳統知識和實踐、傳統手工藝技能等等。目前,中國的世界非物質文化遺產共29項。主要包括:昆曲、中國古琴藝術、新疆維吾爾木卡姆藝術、蒙古族長調民歌、中國蠶桑絲織技藝、福建南音、南京雲錦、安徽宣紙、貴州侗族大歌、廣東粵劇、《格薩爾》史詩、浙江龍泉青瓷、青海熱貢藝術、藏戲、新疆《瑪納斯》、蒙古族呼麥、甘肅花兒、西安鼓樂、朝鮮族農樂舞、書法、篆刻、剪紙、雕版印刷、傳統木結構營造技藝、端午節、媽祖信俗、京劇、中醫針灸、皮影戲。

烏魯木齊◎

葡萄

香梨

英吉沙刀

哈密瓜

雪蓮

青稞

拉薩◎

貴州茅台

天然橡膠

東北"三寶"——人參、貂皮、鹿茸

景德鎮陶瓷

洛陽牡丹

杭州絲綢

大馬哈魚

奶製品

人參

景泰藍

楊柳青年畫

柞蠶

鴨梨

老陳醋

煙台蘋果

枸杞

白蘭瓜

秦嶺獼猴桃

唐三彩

蘇繡

宣紙

武昌魚

三峽臍橙

湖州毛筆

湘蓮

南豐蜜橘

茶葉

蠟染

荔枝

北海珍珠

甘蔗

珊瑚

椰子

天然橡膠

北京烤鴨

南海諸島

① 八達嶺長城
　　北京境內的明代萬里長城保存相
對完好，其中最著名的三處是：八達
嶺長城、慕田峪長城和司馬台長城。

北京市

　　北京有着3000餘年的建城
史和850餘年的建都史，是中國
"四大古都"之一。

　　北京最早見於文獻的名
稱為"薊"。 薊，是中國歷史
上自商代到春秋中期的一個諸
侯國，都城就在今日北京廣安
門一帶，國君為伊姓（一說祁
姓），堯的後裔。公元前1046
年，周武王滅掉殷商，建立西
周王朝。他將自己的弟弟召公
奭封於燕，在今天北京西南房
山區。燕國於公元前7世紀滅掉
薊國，並遷都於此。從此，北
京做為燕國的都城，也被稱為
"燕京"。明永樂年間，將都城
從南京遷至此，同時又保留了
南京做為陪都，故有"北京"之
名。

② 京劇
　　一種集歌唱、武打、舞蹈、雜
技、音樂等為一體的特殊戲劇形
式，是中國的國粹。

③ 四合院
　　是北京老城區的一種傳統住
宅形式，以正房、倒座房、東西
廂房圍繞中間庭院形成平面佈
局。具有封閉性好，環境安靜、
安全，且有利於防風沙等特點。

④ 科教和文化中心
　　北京擁有一流的教
育機構和文化設施。有
清華、北大等70多所高
等院校，有中國科學院
等500多個科研機構，
有中國國家博物館和長安
大戲院等數百家文化藝術
設施。中關村科技園區有
"中國硅谷"之稱。

⑤ 天安門廣場
　　世界上最宏大的城市廣場，廣場及四周有
天安門城樓、人民大會堂、中國國家博物館、人
民英雄紀念碑、毛主席紀念堂等建築。

河　　北　　省

京白季

靈山

磨盤柿

十渡

拒馬河

⑥ 冰糖葫蘆

　　北京風味小吃的一種，以山楂等果品為原料，外面裹以糖稀，晶瑩剔透、酸甜爽口。

喇叭溝門原始森林

河北省

湯河

白河

龍慶峽

延慶

玉米

司馬台長城

密雲水庫

軍都山

慕田峪長城

懷柔板栗

懷柔水庫

密雲

小麥

明十三陵

盤山

懷柔

潮白河

金海湖

昌平

京密引水渠

順義

焦莊户地道戰遺址

平谷

香山紅葉

溫榆河

首都國際機場

平谷水蜜桃

北京市

天津市

北京

★

⑤

石景山

通州京杭運河

河北省

⑦

頭溝

寺

景泰藍

房山

大興

麋鹿園

猿人遺址

永定河

大興西瓜

天津市

河北省

⑦ 盧溝橋

　　盧溝橋位於永定河上，始建於金代，明代正統年間和清代康熙年間曾重修，是北京現存最古老的聯拱石橋。1937年7月7日，日本侵略者在這裏發動了"七七事變"，挑起全面侵華戰爭。

北京市區

北京薈萃了中華傳統文化，擁有眾多名勝古蹟和人文景觀，是全球擁有世界文化遺產最多的城市（周口店北京猿人遺址、長城、北京故宮、頤和園、天壇、十三陵）。

遼、金時期，北京是遼的南京，金的中都，但規模和位置與今日北京城有所不同。後來做為元、明、清三個王朝的首都，已有今日之雛形，今天北京市中心的故宮（紫禁城）和城市的核心城區（二環路以內）的大體規模，就是明成祖建都於此時奠定的基礎。許多城門的名稱和地名，如德勝門、宣武門、正陽門、安定門等等，一直保留至今。

① 王府井大街
北京最著名的商業街之一，是旅遊者購物的首選場地。

② 故宮
又稱"紫禁城"，是明、清兩代皇帝居住和辦公的地方，也是世界上最大的宮殿建築群。

③ 國家體育場和國家游泳中心
國家體育場（俗稱"鳥巢"）與國家游泳中心（俗稱"水立方"），是2008年第29屆奧林匹克運動會的主體育場之一，也北京奧運會標誌性建築物。

④ 天壇
明、清兩代帝王祭祀上天，祈求五穀豐登的地方。

⑤ 國家大劇院
位於人民大會堂西側，是中國迄今最好的藝術表演中心。

⑥ 長安街

被譽為"神州第一街"。街道兩側分佈眾多國家機關辦公樓和大型公共建築，著名的有天安門廣場、人民大會堂、中南海、故宮、國家博物館等。

① 盤山
　位於天津市薊縣境內，有"京東第一山"之稱，是天津唯一的國家重點風景名勝區。

天津市

天津於明永樂二年十一月二十一日（1404年12月23日）正式築城，是中國古代唯一有確切建城時間記錄的城市。

天津是"天子津渡"之意，由明成祖親自賜名，後來逐漸成為拱衛北京的海防重鎮。1860年第二次鴉片戰爭中，英法聯軍就從天津大沽登陸，攻克北京，火燒圓明園。1900年八國聯軍也從天津登陸，攻入北京城。

民國初年，許多下野政客和清朝遺老進入天津外國租界避難。清朝末代皇帝溥儀也於1925年2月移居天津租界張園和靜園，日本佔領東三省後，溥儀從天津秘密抵達東北，做了偽滿洲國的傀儡皇帝。

② 楊柳青年畫
　著名民間藝術形式之一，因起源於天津楊柳青鎮而得名。畫面多表現吉祥、喜慶的主題。

③ 天津小吃三絕
　狗不理包子、十八街麻花和耳朵眼炸糕號稱"天津小吃三絕"，遠近聞名。

④ 海河風景區
　橫穿天津繁華市區的海河，宛如一幅長長的風景畫卷。海河兩岸是人們旅遊休閒的好地方。

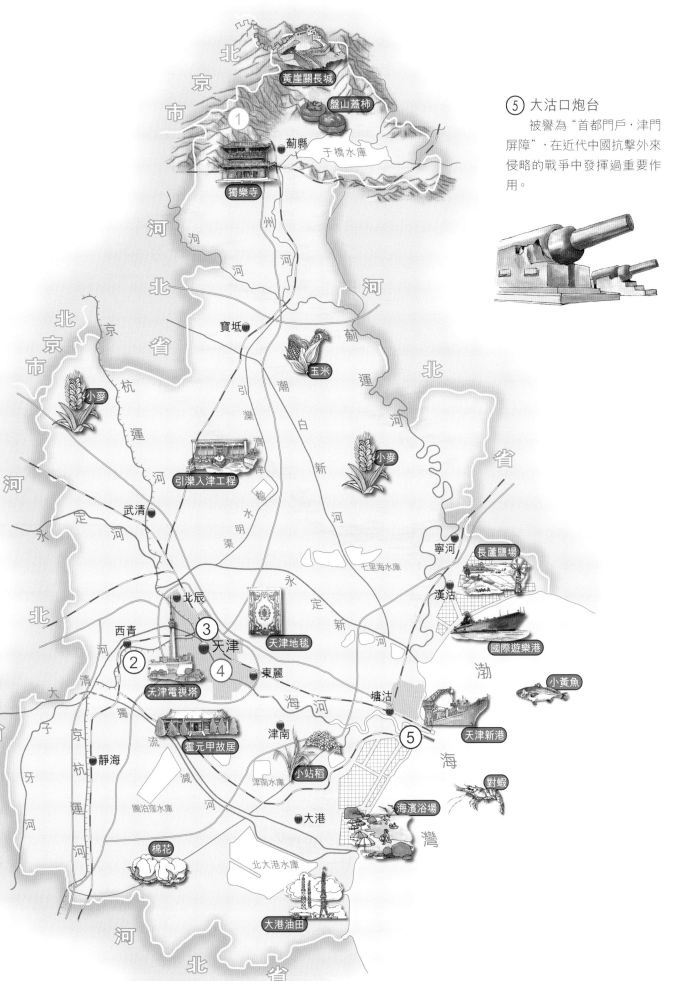

⑤ 大沽口炮台
　　被譽為"首都門戶，津門屏障"，在近代中國抗擊外來侵略的戰爭中發揮過重要作用。

黃崖關長城

盤山蓋柿

蓟縣

于橋水庫

獨樂寺

北京市

河北省

寶坻

玉米

小麥

引灤入津工程

小麥

武清

寧河

長蘆鹽場

漢沽

北辰

天津地毯

天津

③

②

④

東麗

天津電視塔

西青

國際遊樂港

塘沽

小黃魚

靜海

霍元甲故居

津南

小站稻

天津新港

⑤

對蝦

津南水庫

大港

海濱浴場

灣

棉花

北大港水庫

大港油田

渤

海

河北省

① 趙州橋
位於河北省趙縣城南，是世界上現存最古老的石拱橋，已有1400多年歷史。

② 清西陵
位於易縣永寧山下，是清代皇家陵園之一。已被列入《世界遺產名錄》。河北省的另一著名皇家陵園是清東陵。

河北省

因位於黃河以北而得名。又因為中國古史傳説中的九州之一"冀州"，主要就包括了今天河北的大部分地區，故簡稱"冀"。

易水與荊軻刺秦王

戰國後期，秦國強大，不斷蠶食其他國家。燕國太子丹招募壯士荊軻去刺殺秦王政（秦始皇），在易水河畔為他餞行，荊軻臨水高歌："風蕭蕭兮易水寒，壯士一去兮不復還！""易水"就發源於河北省易縣，當時在燕國境內。

邯鄲學步

《莊子》裏有一則寓言：有個楚國人聽説邯鄲人走路的姿勢很美，就不遠千里跑到趙國去學習，學了很久，不但沒學會邯鄲人走路的姿態，還把自己走路的方式給忘記了。只好爬回楚國。後人就以"邯鄲學步"，比喻模仿別人不得法，反而忘掉了自己原有的本領。邯鄲，當時是趙國的都城，就在今天的河北邯鄲市。

③ 山海關
明代萬里長城的東端起點，也是溝通關內、關外的交通要道，有"天下第一關"之稱。

④ 避暑山莊
位於承德，曾經是清代皇帝的避暑行宮，現為中國著名的古典皇家園林。

木蘭圍場

圍場

壩上草原

承德外八廟

④ 承德

張北口蘑

豐寧

粟

遼

張家口

宣化葡萄

懷來

清東陵

潘家口水庫

遷安鐵礦

寧

省

內

蒙

古

自

治

區

北

京

市

天

津

市

陽原

玉米

官廳水庫

乾河

桑河

北京 ★

三河

遵化

遷安

秦皇島 ③

開灤煤礦

⑥

對蝦

淶源

② 易縣

白洋淀

廊坊

唐山

京唐港

小黃魚

阜平

狼牙山

保定

白洋淀

華北油田

天津

海河

渤海灣

曹妃甸新首鋼

渤海

山

西

省

定州

鴨梨

大清河

永定河

京杭

平山

小麥

石家莊

趙縣

衡水

滄州

滹沱河

滏陽河

①

玉米

邢台

清河

吳橋 ⑤

黃驊港

滄州武術

運

子

河

牙

山

東

省

邯鄲鋼鐵

棉花

邯鄲

漳河

衛河

⑤ 吳橋雜技

　　吳橋是世界著名的"雜技之鄉"，歷史悠久，技藝精湛，被譽為"世界雜技的搖籃"。

⑥ 北戴河海濱

　　位於秦皇島市西南，是中國北方著名的旅遊休閒和療養避暑勝地。

河

南

省

山西省

因位於太行山以西而得名。周朝時，山西是唐國的領地。後因唐國臨晉水，遂改國號為晉，故山西簡稱"晉"。中國歷史上的唐朝（618－907年），之所以國號叫"唐"，就是因為它的開國皇帝李淵世襲"唐國公"，後起兵於太原的緣故。

寒食節與山西

春秋之時，晉國貴族介子推，跟隨晉國公子重耳逃亡十餘年，飢寒交迫時，曾割下自己大腿上的肉給重耳吃。後來，重耳回到晉國，繼位為晉文公，介子推不願爭功，攜母親到綿山隱居。文公為逼介子推出山，採取放火燒山的辦法，卻把介子推和他母親燒死了。文公得知，悲痛不已，命將當地改稱介休，綿山改為介山。並下令：清明節前一天，即介子推被焚的日子，不許燒火，家家戶戶只能吃冷飯，謂之"寒食節"。後來，寒食節成為中國人最重要的節日之一。

① **平遙古城**
中國明清風貌保存最完整的歷史文化名城，1997年被列入《世界遺產名錄》。

② **雲岡石窟**
位於大同市西郊，開鑿距今已有1500餘年歷史，有佛像5萬餘尊，與洛陽龍門石窟、敦煌莫高窟並列為中國三大石窟，是世界文化遺產。

③ **恆山懸空寺**
恆山第一景觀。築於懸崖峭壁上，因構築巧妙、位置驚險而令人歎為觀止。

④ **黃河壺口瀑布**
位於吉縣西南黃河壺口處，是中國僅次於貴州黃果樹瀑布的第二大瀑布，國家重點風景名勝區。

⑤ **五台山**
中國佛教四大名山之一。夏季氣候涼爽，風景秀麗，是旅遊避暑勝地。

天鎮

② 大同　大同煤礦

萬家寨水庫　朔州小米

應縣　③

應縣木塔　靈丘

偏關

朔州

保德　五　⑤　⑥ 平型關

寧武

原平　原平梨

嵐縣

忻州

褐馬雞

陽泉煤礦

晉祠

汾陽核桃

太原　陽泉

呂梁　汾酒

晉中

喬家大院

① 玉米

平遙

介休　武鄉

洪洞老槐樹

左權

小麥

④ 吉縣

臨汾

長治

棉花　長治煤礦

稷山棗

侯馬

晉南黃牛

晉城

鸛雀樓　陽城

運城

⑦ 永濟　解州關帝廟

⑥ 平型關大捷

平型關在山西繁峙縣東北，是長城要口之一。抗日戰爭時期，八路軍115師於1937年9月25日在此伏擊日本第5師團21旅團輜重隊，殲敵1000餘人，史稱"平型關大捷"。

⑦ 鸛雀樓

鸛雀樓在山西永濟縣，樓高三層，前對中條山，下臨黃河。傳說常有鸛雀在此停留，故名。唐代王之渙有五言絕句《登鸛雀樓》："白日依山盡，黃河入海流。欲窮千里目，更上一層樓。"

⑧ 山西老陳醋

中國名醋之一，素有"天下第一醋"的盛譽，為山西著名特產。

內蒙古自治區

清代以漠南蒙古居內地稱內蒙古，漠北蒙古居邊外稱外蒙古。名稱沿用至今。

南北朝時期的北朝民歌："敕勒川，陰山下。天似穹廬，籠蓋四野。天蒼蒼，野茫茫，風吹草低見牛羊。"唐代詩人王昌齡的詩句"但使龍城飛將在，不教胡馬度陰山。"都提到陰山，陰山就橫亙於內蒙古境內，在古代被視為中國農耕民族與遊牧民族的分界線。

昭君出塞

匈奴是中國古代北方的少數民族，生活在蒙古大草原上。漢元帝時，匈奴單于請求和親，身為宮女的王昭君主動請求前往，做了單于的妻子，實現了漢匈之間半個多世紀的和平。唐代詩人杜甫感歎此事，寫下了"一去紫台連溯漠，獨留青塚向黃昏。畫圖省識春風面，環佩空歸月夜魂"的千古名句。

① 呼倫貝爾大草原

位於內蒙古自治區東北部，地域遼闊，水草豐美。

② 成吉思汗陵

成吉思汗即元太祖，是中國古代著名的軍事家。位於伊金霍洛旗的成吉思汗陵，形似蒙古包，極具蒙古民族特色，為旅遊勝地。

③ 蒙古包

蒙古等遊牧民族的傳統住房，結構簡單，拆裝方便，適合牧民遷移和居住。

嘎順淖爾
(居延海)
額濟納旗
蒙
胡楊林
甘
巴丹吉林沙漠
小麥
阿拉善雙峰駝
巴彥淖爾
黃
肅
烏海
風力發電
賀
烏海煤礦
阿拉善左旗
蘭
省
騰格里沙漠
寧夏回族自治區
毛烏素
陝

④ 馬頭琴

蒙古族特有的一種弦樂器，因琴柄頂端雕飾馬頭而得名。

⑤ 中華第一玉龍

紅山文化是距今五、六千年前的原始農業文化。因最早發現於內蒙古赤峰市郊的紅山後遺址而得名。出土於內蒙古翁牛特旗紅山文化遺址的玉龍，被譽為中華第一玉龍。

⑥ 那達慕大會

"那達慕"是蒙古語，意為"娛樂、遊戲"。那達慕大會是蒙古族人民一年一度的傳統節日，每年7－8月舉行，主要內容有歌舞、射箭、蹾跤、賽馬等。

俄羅斯

額爾古納河

黑龍江省

吉林省

遼寧省

河北省

山西省

古

森林

鄂倫春族

根河

馴鹿

加格達奇

黑熊

滿洲里

海拉爾河

嫩江

呼倫湖

呼倫貝爾

①

扎蘭屯

阿爾山

烏蘭浩特

霍林河煤礦

霍林郭勒

風力發電

草原牧場

二連浩特

錫林浩特

阿魯科爾沁旗

克什克騰旗

通遼

蒙古馬

科爾沁沙地

蒙古族

渾善達克沙地

莜麥

⑤

赤峰

包頭鋼鐵

呼和浩特

烏蘭察布

昭君墓

① "九一八" 歷史博物館

1931年9月18日，日本駐中國東北地區的關東軍突襲瀋陽，進而迅速攻佔東北三省，揭開侵華戰爭的序幕，史稱"九‧一八事變"。如今，瀋陽建有九一八歷史博物館，提醒民眾勿忘國恥。

遼寧省

清朝時，因滿族立國、發祥於此，乃取"奉天承運"之意，在遼河流域設奉天省。上世紀20年代，改名遼寧，因遼河而得名，寓意"遼河流域永遠安寧"。

清王朝的發祥地

遼河流域為清朝發祥地，1616年正月，女真（後來改名滿洲、滿族）首領愛新覺羅‧努爾哈赤於赫圖阿拉（今遼寧新賓縣一帶）稱汗，定國號為金，史稱後金。後金不斷壯大，最終統一中國，建立起中國最後一個王朝——清朝。

中日甲午戰爭

遼寧是中日甲午戰爭（1894－1895）的主戰場之一，日軍在這裏製造了駭人聽聞的"旅順大屠殺慘案"。清政府戰敗後，日本強迫其割讓了包括遼東半島在內的多處領土，並賠償日本白銀2億兩。後來，在列強干預下，清政府為贖回遼東半島，又支付日本"贖遼費"3000萬兩白銀。

② 中華龍鳥化石

遼寧西部朝陽地區發現的中華龍鳥化石表明，鳥類的祖先是小型恐龍。該地區已成為世界鳥化石的寶庫。

③ 瀋陽故宮

清代初期的皇宮，是中國現存規模僅次於北京故宮的宮殿建築群。

④ 大連

大連位於遼東半島南端，自然景色綺麗，氣候宜人，是中國北方重要的港口，也是著名的海濱旅遊和避暑勝地。

渤

旅順蛇島

斑海豹

老哈河
努魯兒河
凌源
高粱
朝陽
錦州白梨
建昌
黑
興城
綏中
河
北
省

⑤ 滿族

中國第二大少數民族，主要分佈在遼寧省。穿旗袍、套馬褂、蹬靴子是滿族人的傳統裝扮。

大豆

玉米

開原

鐵嶺

撫順煤礦

清原

白头鶴

彰武

阜新煤礦

阜新

新民

③①

潘陽

撫順

本溪

⑤

森林

遼河油田

北陵公園

義縣

遼中

本溪水洞

桓仁

遼陽

鞍山

千山

寬甸

錦州

盤錦

水稻

鞍山鋼鐵

營口港

營口

大石橋

鳳城

蓋州

柞蠶

丹東

中朝友誼橋

東港

海濱浴場

東灣

岫岩玉

鴨綠江口

遼南蘋果

莊河

對蝦

海參

普蘭店

黃海

長山群島

鮑魚

④

旅順口

大連

海濱浴場

大連港

⑥ 丹東（中朝友誼橋）

1950年，朝鮮戰爭爆發，美軍登陸朝鮮半島。中國人民志願軍隨即於遼寧丹東跨過鴨綠江，入朝作戰，並最終迫使美國於1953年簽署停戰協議。

吉林省

　　1653年，清政府在現今吉林一帶設置寧古塔昂邦章京，是吉林省建置之始，後改稱寧古塔將軍。1673年，吉林建城，史稱「吉林烏拉」（滿語譯音「沿江」之意），吉林由此得名。1757年，寧古塔將軍改稱吉林將軍，自此以後，「吉林」由原來城邑名稱擴大為行政區稱謂。1907年正式定為吉林省。

偽滿洲國

　　1931年「九‧一八」事變後，日本侵佔了中國東北。1932年3月，建立了偽滿洲國傀儡政權。以清末代皇帝溥儀為執政（後稱皇帝），將吉林省長春市改為「新京」，定為偽滿洲國「首都」。直到1945年8月15日，日本宣佈無條件投降，偽滿洲國也隨即滅亡。如今，偽滿皇宮仍位於省會長春市。

① 朝鮮族

　　中國56個民族之一，主要聚居區在吉林延邊朝鮮族自治州。踢足球、蕩鞦韆是朝鮮族人們喜歡的運動；長鼓舞是朝鮮族很有特色的舞蹈。

② 長白山天池

　　位於長白山主峰白頭山的山頂，是中、朝兩國的界湖，為長白山第一名勝。

③ 吉林霧淞
　　霧淞又稱樹掛，是霧氣遇冷凝結在樹枝上而形成的一種晶體。吉林霧淞綺麗壯觀，與桂林山水、雲南石林和長江三峽並列為中國四大自然奇觀。

④ 長春一汽
　　位於長春的一汽集團是中國規模最大的現代化汽車科研和生產基地。

⑤ 東北三寶
　　人參、貂皮和鹿茸被譽為東北三寶，主要產於中國吉林的長白山區。

⑥ 高句麗
　　高句麗是公元前一世紀至公元七世紀存在於中國東北地區的一個少數民族政權，其統治中心在今吉林集安與遼寧桓仁一帶。高句麗最強盛時，曾征服並統治中國東北和朝鮮半島大部分地區，後被唐朝征服。

吉林省 **35**

北極漠猴

① 五大連池火山群
中國重要的火山地質保護區，世界地質公園之一。由14座休眠火山和5個堰塞湖組成，是著名的火山礦泉療養地。

內

黑龍江省

黑龍江是中國最北部的省份，名稱源於省內的一條河流——黑龍江，它也是中國和俄羅斯的界河。武俠小說《鹿鼎記》裏面提到的"阿穆爾河"就是黑龍江，它的下游曾是滿族先民黑水靺鞨（女真）繁衍生活的地方。1115年，女真人在完顏阿骨打帶領下建立了金朝，都城最初在上京會寧，即黑龍江省省會哈爾濱的阿城區。

五國城

五國城位於黑龍江省哈爾濱市的依蘭縣。宋代名將岳飛寫的《滿江紅》裏面提到"靖康恥，猶未雪。"講的是北宋靖康年間（1126－1127年），金國入侵，擄走北宋皇帝宋徽宗、宋欽宗的"國恥"。這兩位皇帝，被女真人擄走後，受盡凌辱，被關押在五國城至死。

② 亞布力滑雪場
滑雪愛好者的樂園，1995年在這裏成功舉辦過冬季亞洲運動會。

③ 東北虎
中國一級瀕危保護動物，在中國主要分佈於東北的大興安嶺、小興安嶺和長白山區。

區

④ 哈爾濱國際冰雪節
哈爾濱國際冰雪節與日本札幌的雪節、加拿大魁北克的冬季狂歡節、挪威奧斯陸的雪節並稱為世界四大冰雪節。冰燈、冰雕、雪雕等冰雪藝術馳名中外。

⑤ 扎龍自然保護區
中國第一個大型水禽自然保護區，丹頂鶴的故鄉。

鄂倫春族

黑龍江

呼瑪

俄

吉

嫩江

自

訥謨爾河

① 嫩河　五大連池　北安

富裕

齊齊哈爾

⑤

大慶油田

大慶

玉米

肇源

哈爾濱

雙城

④

索菲亞教堂

尚志

② 牡丹江

綏芬河

鏡泊湖

羅

黑河

森林

小興安嶺

嘉蔭

猞猁

黑龍江

斯

撫遠

烏

同江

赫哲族

蘇

俄

里

黑龍江

松花江

富錦

饒河

大馬哈魚

大豆

雙鴨山

③

東北虎

虎林

興凱湖

羅

斯

省

木耳

小麥

奶牛

鐵力

綏化

伊春

鶴崗煤礦

鶴崗

佳木斯

依蘭

方正

七台河

雞西

牡丹江

⑥ 北極村

　　是中國最北端的邊陲小鎮，這裏冬季黑夜漫長，夏季則正好相反。夏至前後一天24小時幾乎都是白晝，幸運的話還可以看到氣勢恢弘、絢麗多彩的北極光。

① 豫園
上海最大的古典園林，佈局精巧，是一座融合了中國明、清兩代園林藝術的名園。

上海市

簡稱"滬"，別稱"申"。滬，源於晉朝時當地居民發明的一種竹編捕魚用具"扈"，後成為地名代稱。相傳戰國時期，上海是楚國春申君黃歇的封邑，故別稱為"申"。上海一詞始於宋代，源於一條名為"上海浦"的吳淞江支流（浦，原為吳語中小河的意思）。

華亭鶴唳

"華亭"就是今天的上海，在今上海市松江區。東漢建安二十四年（219），東吳名將陸遜用計襲取荊州，迫使一代名將關羽敗走麥城，身首異處。陸遜以此大功被封為"華亭侯"。

西晉文學家、書法家陸機，是陸遜的孫子。未出仕為官之前，常與弟弟陸雲等人在華亭遊玩，欣賞仙鶴啼鳴。後來，陸機赴洛陽為官，終遭人誣陷被誅，臨刑時，他感慨道："欲聞華亭鶴唳，可復得乎？"

② 磁懸浮列車
世界上第一條投入商業運營的磁懸浮鐵路，設計最高時速為431公里/小時，是上海現代化的標誌。

③ 南京路
上海最熱鬧、最繁華的商業街之一。

④ 外灘
上海最具特色的旅遊景點，以薈萃風格多樣、美侖美奐的西式建築而聞名。外灘的夜景非常有名，是旅遊者的必遊之地。

⑤ 浦東新區
浦東新區是上海現代化建設的縮影。亞洲第一高的東方明珠電視塔矗立於浦東黃浦江畔，是上海的標誌性建築。

東平國家森林公園

崇明

黃　海

東灘候鳥保護區

長
江
口

佘山島

長
興
島

橫沙島

蘇

長
江

江

崇
明
島

古猗園

寶山鋼鐵

嘉定

寶山

吳淞口

汽車工業

蘊
藻
浜

蘇
州
河

上海港

③

上海

⑤

①　④

大黃魚

青浦大觀園

青浦

②

虹橋機場

浦
東
運
河

浦東機場

小黃魚

淀
浦
河

閔行

松江

水蜜桃

南匯

稻

黃
浦
江

大
冶
河

奉賢

水稻

東　海

油菜

海濱浴場

東海大橋

東海大橋

帶魚

金山

杭

州

灣

洋山港

崎嶇列島

① 蘇州古典園林

"蘇州園林甲天下",蘇州現存古典園林100餘處,其中的拙政園、留園與北京頤和園、承德避暑山莊並列為中國四大名園。

江蘇省

江蘇名稱來源於省內最重要的兩座城市江寧(南京)和蘇州。

姑蘇城外寒山寺

唐代詩人張繼《楓橋夜泊》:"月落烏啼霜滿天,江楓漁火對愁眠。姑蘇城外寒山寺,夜半鐘聲到客船。"所提到的"姑蘇城",就是蘇州,因姑蘇山而得名,寒山寺也因此而名揚天下,成為遊覽勝地。

《南京條約》的簽約地

1840年6月,第一次鴉片戰爭爆發,清軍戰敗。1842年8月,清政府代表被迫在泊於南京下關江面的英軍旗艦上與英國代表簽署了《南京條約》。這是中國近代史上與外國簽訂的第一個不平等條約。香港島就是在這個條約裏割讓給英國,成為殖民地的。

② 太湖

中國第三大淡水湖,以湖光山色和吳越史蹟而聞名。太湖水產豐富,盛產魚蝦,素有"太湖八百里,魚蝦捉不盡"的説法。

③ 中山陵

坐落在南京鐘山南麓,是民主革命先驅孫中山先生的陵墓。

④ 蘇繡

著名的傳統絲綢刺繡手工藝品,圖案秀麗,繡工細緻,色彩清雅,位居中國四大名繡(蘇繡、湘繡、粵繡、蜀繡)之首。

⑤ 秦淮河風光

以夫子廟為中心的秦淮河風光帶,融古蹟、園林、畫舫、市街和民俗民風於一體,是集中展現南京古都風貌的遊覽勝地。

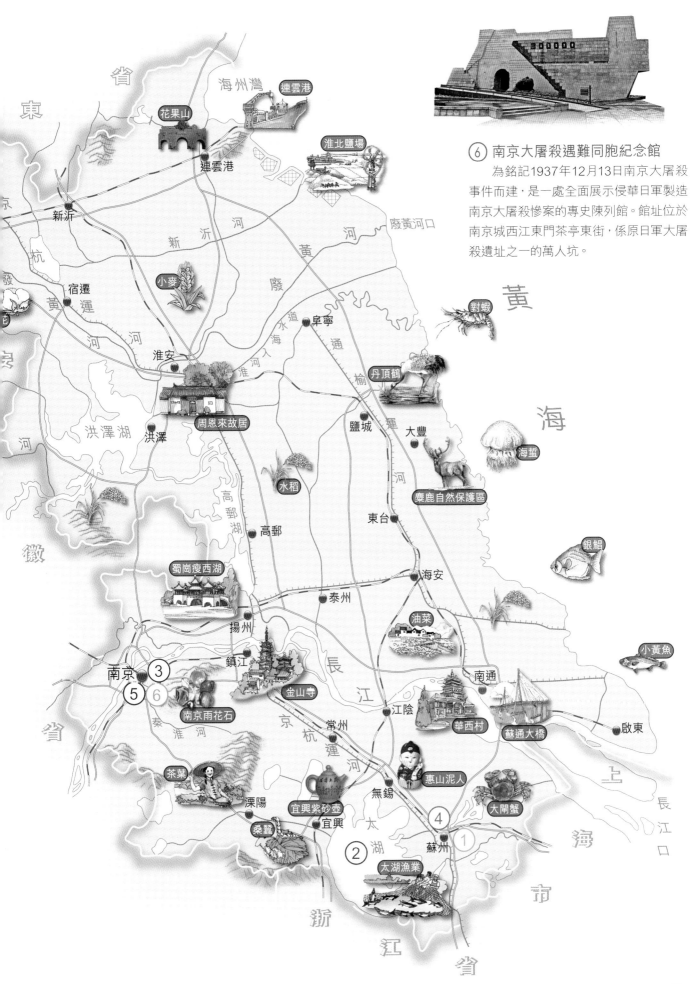

⑥ 南京大屠殺遇難同胞紀念館

　　為銘記1937年12月13日南京大屠殺事件而建，是一處全面展示侵華日軍製造南京大屠殺慘案的專史陳列館。館址位於南京城西江東門茶亭東街，係原日軍大屠殺遺址之一的萬人坑。

省

東

海州灣

連雲港

花果山

淮北鹽場

新沂

京杭發

黃

宿遷

運

小麥

新沂河

廢黃河

廢黃河口

河

黃

阜寧

河

淮安

海河入淮

丹頂鶴

對蝦

黃

洪澤湖

洪澤

周恩來故居

鹽城

大豐

海蜇

海

運

麋鹿自然保護區

高郵湖

水稻

河

高郵

東台

銀鯧

蜀崗瘦西湖

安徽省

海安

泰州

揚州

鎮江

金山寺

長

南通

油菜

小黃魚

南京

③

⑤　⑥

秦淮河

京杭運河

南京雨花石

江陰

華西村

蘇通大橋

啟東

長

江

口

常州

長江

省

茶葉

溧陽

宜興紫砂壺

宜興

惠山泥人

大閘蟹

上

海

桑蠶

太湖

無錫

④

蘇州

①

②

太湖漁業

市

浙

江

省

① 杭州西湖

蘇軾曾讚美道："欲把西湖比西子，淡妝濃抹總相宜。"西湖又名西子湖，位於杭州城西南，是舉世聞名的風景勝地。春曉秋月，風荷殘雪，四季美景，引人流連。更有詩賦傳説，相映成輝。

② 越劇

發源於浙江省紹興一帶，多女演男角，扮相亮麗，唱腔優美。經典劇目有《紅樓夢》、《梁山伯與祝英台》等。

③ 杭州絲綢

杭州絲綢品質上乘，早在漢代，就已通過"絲綢之路"遠銷國外。

浙江省

"浙江"之名，源於境內最大的河流——錢塘江，因江流曲折，又被稱為浙江，省以江名，簡稱"浙"。

臥薪嘗膽

臥薪嘗膽，是關於越王勾踐的成語典故。春秋時期的諸侯國越國，在今天的浙江境內，都城會稽，就是浙江紹興。當時，越國與吳國交戰，結果大敗。為了保存國家，越王勾踐忍辱負重，給吳王做了三年奴僕。歸國後，他每晚睡在柴草上，吃飯前都要嚐一嚐苦膽，提醒自己不要貪戀安逸的生活。在勾踐的勵精圖治之下，經過二十年發展，越國強大起來，最終一舉滅掉了吳國，成為春秋時期的霸主。

④ 舟山漁場

是中國最大的海水漁場，盛產對蝦、大黃魚、帶魚、墨魚等，有"東海魚庫"的美名。

⑤ 京杭運河

中國古代著名水利工程，開鑿於隋代，北起北京，南至杭州，是世界上最長的運河。

《蘭亭集序》的誕生地

東晉永和九年（353年）三月三日，王羲之與名士謝安、孫綽等人，在會稽山陰（今浙江紹興）蘭亭舉行"修禊"活動。雅集之中，各人做詩，彙編成《蘭亭集》。王羲之為詩集寫的序文，被後人譽為"天下第一行書"。蘭亭雅集、曲水流觴，也成為後世美談。

⑥ 紹興江南水鄉

紹興境內河湖密佈，水巷縱橫，是江南水鄉的典型代表。

⑦ 錢塘潮

錢塘潮是一大自然奇觀，觀潮的最佳時間是每年農曆八月十八前後，地點在海寧鹽官觀潮公園。每當漲潮來臨，數米高的海水湧入杭州灣，澎湃洶湧，勢不可擋。

江蘇省
上海市
太湖
安
徽
省

湖州毛筆
安吉
安吉竹海
湖州
桑蠶
嘉興
嘉興南湖
5
鹽官
杭州
3
1
杭州灣大橋
杭州灣
7
慈溪
慈溪楊梅
嵊泗
嵊泗列島
洋山港
4
大黃魚
舟山島
舟山群島
舟山
寧波海港
普陀山
富陽
桐廬
茶葉
諸暨
紹興
紹興花雕
6
錢塘江
建德
水稻
西施故里
2
嵊州
東陽
橫店影視城
金華
金華火腿
永康
油菜
麗水
水稻
龍泉青瓷
青田
泰順廊橋
泰順
蒼南
南麂山列島
寧波
北侖港
奉化
水蜜桃
寧海
小黃魚
東
臨海
台州
台州灣
黃岩蜜橘
帶魚
水稻
雁蕩山
台州列島
墨魚
玉環島
溫州
溫州灣
對蝦
海

① 黃山

位於安徽省南部，以奇松、怪石、雲海、溫泉"四絕"聞名於世。更有"五嶽歸來不看山，黃山歸來不看嶽"的説法傳世。

安徽省

安徽之名，源於省內兩大城市安慶、徽州。安慶是春秋時皖國故地，別稱為皖，故安徽簡稱"皖"。一説認為因境內的天桂山古稱皖公山，故簡稱"皖"。

② 黃梅戲

中國著名的安徽地方劇種，唱腔委婉，優美動聽。經典劇目有《天仙配》等。

項羽自刎之地

項羽和劉邦都是秦末戰亂中的英雄人物，公元前202年，西楚霸王項羽為漢王劉邦所敗，在烏江自刎而死，年僅30歲。這個烏江，就在今天安徽和縣烏江鎮。由這段歷史，留下了霸王別姬、四面楚歌、捲土重來等成語典故。

③ 皖南古民居

皖南古民居以西遞和宏村為代表，多為白壁黑瓦，襯以青山綠水，古樸典雅，歷史悠久，規模宏大，被譽為"中國明清民居博物館"。

淝水之戰

淝水之戰是中國歷史上著名的以弱勝強的戰例，古戰場就在現今安徽壽縣東南的淝水岸邊。公元383年，前秦意欲統一中國，出兵伐晉，雙方於淝水陳兵交戰，最終東晉僅以八萬軍力大勝八十餘萬前秦軍。由此留下了風聲鶴唳、草木皆兵、投鞭斷流、東山報捷等成語典故。

④ 揚子鱷

主要分佈於安徽南部的宣城、涇縣一帶，是中國特有珍貴物種，國家一級保護動物。

⑤ 九華山

位於青陽縣境內，與五台山、峨眉山、普陀山合稱中國佛教四大名山，有"佛國山城"的美譽。

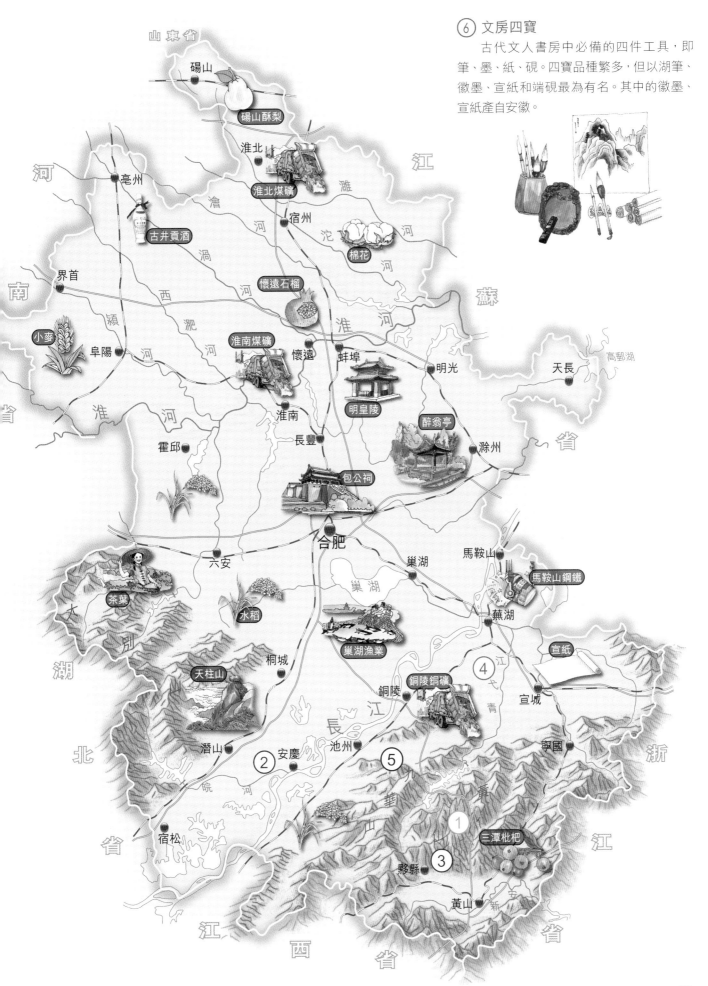

⑥ 文房四寶
　　古代文人書房中必備的四件工具，即
筆、墨、紙、硯。四寶品種繁多，但以湖筆、
徽墨、宣紙和端硯最為有名。其中的徽墨、
宣紙產自安徽。

山東省

碭山

碭山酥梨

淮北

淮北煤礦

江

亳州

宿州

濰河

河

古井貢酒

渦河

棉花

沱河

河

河
南
省

界首

潁河

西淝河

懷遠石榴

淮

蘇

阜陽

小麥

淮南煤礦

懷遠

蚌埠

明光

天長

高郵湖

淮
河

淮南

河

長豐

明皇陵

醉翁亭

省

霍邱

馬鞍山

巢湖

馬鞍山鋼鐵

包公祠

滁州

茶葉

六安

合肥

巢湖

蕪湖

大
別
山

水稻

巢湖漁業

宣紙

④

桐城

天柱山

銅陵

銅陵銅礦

宣城

江

寧國

潛山

②

安慶

池州

⑤

青

弋

湖
北
省

宿松

皖
河

長
江

華
陽
河

浙
省

①

三潭枇杷

③

黟縣

江
西
省

黃山

新
安
江

江
省

安徽省 45

① 武夷山

位於福建省北部，以丹霞地貌為主要特徵，碧水丹山，峰迴水繞，享有"奇秀甲東南"的美譽，是世界自然與文化雙重遺產。

福建省

唐開元二十一年（733年），唐政府從福州、建州（今建甌市）各取一字，設"福建經略使"，這是歷史上第一次出現"福建"名稱。"閩"原本是先秦時期居住在福建的七個部落的總稱，後成為福建的簡稱。

② 龍眼

又稱桂圓，果味甜美，營養豐富，是福建省著名水果，產量居全國第一。

海上絲綢之路

海上絲綢之路，也被稱為"海上陶瓷之路"、"海上香料之路"。它形成於秦漢，繁榮於唐宋，最遠抵達西亞和非洲東海岸，是已知的最為古老的海上航線。位於福建的泉州港，在宋元時期是海上絲路的起點，被譽為"東方第一大港"。

③ 媽祖廟

位於福建莆田，是人們紀念媽祖的地方。傳說中媽祖能救難濟世，被尊為海上女神。

④ 烏龍茶

福建茶葉名揚天下。烏龍茶是福建名茶，鐵觀音則屬烏龍茶中的極品，被譽為"長壽茶"，具有很好的保健功能。

五口通商

福建是近代史上最早開埠的省區之一。1842年，清政府與英國簽署《南京條約》，規定了五個向英國商人開放的通商口岸：廣州、廈門、福州、寧波、上海，其中的福州、廈門，就位於福建省。

⑤ 客家土樓

位於福建南部永定縣一帶，安全堅固，造型獨特，是客家人傳統的民居建築。

武夷山
浦城
武夷山岩茶
松溪
建陽

茶葉

福鼎
太姥山
福安
霞浦

邵武
國家地質公園

建甌

橘子

寧德

大黃魚

東

將樂

南平

壽山石雕

三沙灣

稻

三明

尤溪

古田

閩清

馬祖列島

閩江口

鰻魚

福州

枇杷

荔枝

海

永安

鱗隱石林

德化

福清

海壇島

對蝦

漳平

清源山

莆田

興化灣

文昌魚

安溪

香蕉

泉州

台

水稻

泉州港

金門島

水仙花

漳州

廈門

灣

6

廈門港

海

鼓浪嶼

⑥ 鼓浪嶼
是位於廈門西南海上的美麗小島，
人稱"海上花園"。

蘿

東山灣

海濱浴場

峽

沙丁魚

澎湖島

台灣省

澎湖列島

① 滕王閣

位於南昌市沿江北路的贛江邊，與湖南岳陽樓、湖北黃鶴樓並稱為“江南三大名樓”，更因1300多年前王勃的《滕王閣序》而名垂千古。

江西省

因開元二十一年（733年）唐玄宗設江南西道而得省名，意思是“江南的西部地區”。又因為江西最大河流為贛江而簡稱贛。

② 景德鎮陶瓷

景德鎮陶瓷製造業有2000多年的歷史，瓷器製作精美，“白如玉，明如鏡，薄如紙，聲如磬”，代表中國瓷器製造工藝的最高水平，景德鎮因此有“瓷都”的美譽。

江東的政治中心——柴桑

柴桑，是今天的江西九江。東漢末年，柴桑是江東的政治中心，孫權曾在這裏處理公務。赤壁之戰前，諸葛亮亦曾代表劉備赴柴桑面見孫權，力促聯手抗曹，《三國演義》由此演繹了“諸葛亮舌戰群儒”的精彩章節。

白居易《琵琶行》

唐代大詩人白居易的《琵琶行》有“千呼萬喚始出來，猶抱琵琶半遮面”；“同是天涯淪落人，相逢何必曾相識”等警句傳世。這首詩是白居易被貶到九江郡做司馬時寫的，九江郡就位於今天的江西九江市，詩中提到的“潯陽江”、“江州”等地名，都在九江市內。

③ 中國最美的鄉村——婺源

位於江西省東北部，以田園牧歌式的優美風光和保存完好的古代民居建築而聞名，被稱為“中國最美的鄉村”。每年春天油菜花盛開時為其最佳旅遊季節。

④ 鄱陽湖

中國第一大淡水湖，煙波浩渺，漁產豐富。鄱陽湖還是候鳥天堂，每年冬天，數以百萬計的候鳥來這裏越冬。

彭澤

九江

⑤ 鄱陽湖漁業

景德鎮 ②

③

三清山

樂平

修水

柘林水庫

永修

德興

德興銅礦

茶葉

④ 八一起義紀念館

上饒

① 南昌

宜豐

油菜

錦江

鷹潭

宜春

樟樹

新餘鋼鐵

撫州

龍虎山

新餘

萍鄉煤礦

流坑古村

南豐蜜橘

文天祥紀念館

吉安

南豐

永新

興國將軍園

井岡山

寧都

井岡山竹林

興國

中華蘇維埃政府舊址

大餘鎢礦

贛州

瑞金

大餘

水稻

安遠

龍南

⑤ 廬山

　　位於江西省北部，北靠長江，東臨鄱陽湖。山上多秀峰雲海、飛瀑流泉，歷代文人多有詩詞讚譽，李白的《望廬山瀑布》尤其膾炙人口："日照香爐生紫煙，遙看瀑布掛前川，飛流直下三千尺，疑是銀河落九天。"

① 曲阜孔廟

曲阜是孔子的故鄉。曲阜孔廟是歷代帝王祭祀孔子的地方，規模宏大，金碧輝煌。

山東省

因在太行山之東而得名，別稱魯、齊魯。周武王滅商後，封姜太公（姜子牙）於齊；封自己的弟弟周公於魯。齊、魯均在今山東境內，故成為山東的代稱。

長勺之戰古戰場

長勺之戰是中國歷史上的經典戰例之一，古戰場在今山東萊蕪市。公元前684年，齊桓公派兵攻魯，兩軍在長勺相遇。齊軍連續三次擊鼓，發動進攻，魯軍在魯莊公和曹劌指揮下都按兵不動。隨後，魯軍趁齊軍懈怠之時突然擂鼓進攻，大獲全勝。成語"一鼓作氣"就出自這一戰例。

威海與北洋水師

1894年，中日甲午戰爭爆發，北洋水師在黃海海戰戰敗，被迫退入位於山東威海的劉公島休整避戰。1895年1月，日軍從陸上攻佔威海，並以海軍封鎖威海海面，北洋水師腹背受敵，被迫投降，全軍覆沒。

② 濰坊風箏

濰坊風箏製作歷史悠久、工藝精美，是舉世聞名的手工藝品。每年的4月份這裏都要舉辦國際風箏節。濰坊還有世界風箏博物館，展品來自世界各地，琳琅滿目，雅俗共賞。

③ 青島海濱

山、海、城三位一體，海山相映，水繞山環，紅瓦綠樹，碧海藍天，是享譽中外的海濱避暑遊覽勝地。

渤海海峽

渤　海

廟島群島

長島

蓬萊仙境

對蝦

海濱浴場

黃　海

鮑魚

煙台港

甲午戰爭博物館

沾化

黃河三角洲濕地

黃河口

蓬萊

招遠

煙台

威海

濱州

黃河

東營

萊州灣

招遠金礦

煙台蘋果

榮成

勝利油田

小清河

彌河

萊陽

萊陽梨

海陽

壽光

②

濰河

山東半島

潍坊

膠河

即墨葡萄

帶魚

淄博

花生

海參

黃

安丘

玉米

青島啤酒

③

萊蕪鐵礦

諸城

青島

新泰

沂水

海

小麥

青島港

④ 泰山

　　有"五嶽獨尊"的美譽。自然風光雄偉壯麗，佛道文化遺蹟遍佈，是世界自然與文化雙重遺產。

臨沂

沂河

日照

對蝦

石榴

海濱浴場

海州灣

省

蘇

⑤ 孔子

　　中國古代偉大的教育家、思想家，儒家學派的創始人。其思想、言論主要收集在《論語》一書中，對中華文明影響深遠。

① 嵩山少林寺
① 嵩山少林寺

嵩山是五嶽名山之一，山中的少林寺是中國最富有傳奇色彩的古老寺院，少林武術更是聞名海內外。

河南省

因大部分地區位於黃河以南，故稱河南。又因轄區大致相當於《禹貢》所謂"九州"中的豫州，故簡稱"豫"。

牧野之戰

牧野之戰是周滅商的關鍵戰役。商朝末年，紂王荒淫無道，國力衰微。公元前1046年，周武王聯合各個部族、方國，自陝西出兵東征商王朝。進軍至牧野（今河南新鄉）時，距離商都朝歌（今河南淇縣）已近在咫尺。此時商軍主力遠在東南地區作戰，商紂王只好倉促武裝大批奴隸、戰俘，連同守衛國都的軍隊，共計約70萬人，開赴牧野迎戰。戰鬥打響，商軍中的奴隸和戰俘毫無鬥志，紛紛倒戈，商軍迅速崩潰。紂王見大勢已去，返回朝歌，登上鹿台自焚而死，商朝滅亡。

小浪底水利樞紐
焦作
焦作煤礦
仰韶文化遺址
三門峽
澠池
靈寶
⑦
函谷關
洛陽
⑥
③
①
登封
汝州
禹州鈞瓷
靈寶大棗
中華獼猴桃
嵩縣
平頂
恐龍蛋化石群
平頂山煤礦
西峽
小麥
芝麻
南陽
南陽黃牛
丹江口水庫
鄧州
湖北
陝西省
山西省
黃河
三門峽水庫
洛河
伊河
白河
伏牛山

⑦ 函谷關

函谷關位於崤山之中，自古就是聯通中原與西北地區的重要隘口。據說春秋時期的思想家老子年老時，曾在這裏著述，留下了著名的《道德經》。

② 清明上河圖

中國傳世國寶級巨幅名畫，作者是北宋畫家張擇端。該畫描繪的是900多年前北宋都城開封清明時節的繁榮景象。

③ 龍門石窟

位於洛陽城南，距今已有1000多年的歷史，存有佛像10萬餘尊。與大同雲岡石窟、敦煌莫高窟並列為中國三大石窟，是世界文化遺產。

④ 中華第一龍

1987年在河南濮陽西水坡的仰韶文化遺址發現用蚌殼擺塑的龍虎圖案，龍圖案身長1.78米，高0.67米，經考古驗定距今約6000年，為"中華第一龍"。

⑤ 安陽殷墟

商朝晚期的都城遺址，距今有3300多年的歷史。因出土大量的甲骨文和青銅器而馳名中外，其中的司母戊（亦稱：后母戊）鼎堪稱國寶。

⑥ 唐三彩

一種盛行於唐朝的彩色陶器工藝品，以黃、褐、綠為基本釉色，造型生動逼真、色彩艷麗。主要產於洛陽、西安。

河北省
安陽
鶴壁
⑤
中原油田
濮陽
④
台山
新鄉
玉米
山東省
黃
開封
蘭考
州
②
開封鐵塔
商丘
花生
小麥
河
永城
渦
太康
河
許昌烤煙
潁
周口
伏羲太昊陵
漯河
河
芝麻
安
洪
徽
河
棉花
省
淮
河
馬店
信陽
潢川
信陽毛尖茶
水稻
雞公山

河南省 **53**

① 荆州古城

荆州即三國時期的江陵，城池相傳為關羽所修築，是中國現存最完整的古代城池之一。

湖北省

因在洞庭湖之北而得名。清代湖北的行政中心武昌，為隋以後鄂州的治所（即江夏），故湖北簡稱"鄂"。

赤壁之戰

赤壁古戰場位於湖北赤壁市。公元208年，曹操率二十餘萬大軍南征，吞併荊州，與孫權、劉備聯軍在赤壁隔江對峙。孫劉聯軍在實力處於劣勢的情況下，趁曹軍不習水戰、水土不服之極，施以火攻，一舉克曹。奠定三分天下的局面。

辛亥革命爆發地

1911年（農曆辛亥年）10月10日晚，清軍新軍內的革命黨人在湖北武昌打響了辛亥革命的第一槍，史稱"武昌首義"。此後短短兩個月時間裏，湖南、廣東等15個省宣佈脫離清政府。1912年1月1日，中華民國臨時政府在南京成立，孫中山被推舉為臨時大總統。2月12日，清帝溥儀退位，清朝滅亡。中國結束了兩千多年封建帝制，建立了共和國。

② 武當山

中國道教名山，武當派武術的發源地。山上道觀很多，已被列入《世界遺產名錄》。

③ 黃鶴樓

位於武漢市長江邊的蛇山上，始建於三國時期，與湖南岳陽樓、江西滕王閣並稱為"江南三大名樓"。千百年來，無數文人墨客在此留下大量詩篇。

陝西

陝西省

汽車工業

武

神農

⑤

金絲猴

巫峽

巴東

重

屈原故里

利川

恩施

慶

土家族

市

水杉

⑦ 曾侯乙編鐘

　　出自湖北隨州曾侯乙墓，墓主是戰國早期曾國的國君。整套編鐘音域跨五個半八度，十二個半音齊備。它高超的鑄造技術和良好的音樂性能，改寫了世界音樂史，被譽為"稀世珍寶"。

④ 三峽水利樞紐工程

　　位於湖北省宜昌市三斗坪，是當今世界上最大的水利樞紐工程，水力發電站規模世界第一。

⑤ 神農架

　　被稱為"華中屋脊"，山高谷深，人跡罕至，是中國重要的野生動植物資源寶庫。相傳古代神農氏（炎帝）在此遍嘗百草，為民除病，故而得名。

⑥ 白鰭豚

　　中國獨有的珍稀水生獸類，狀似海豚，極可愛，僅分佈於中國長江中下游，現存數量極少，是世界上最瀕危的淡水鯨類。

① 武陵源

位於湘西張家界，峰林峻峭，峽谷幽深，溶洞曲折，溪澗清澈，森林茂密，更兼田園風光和濃郁風情，是一個造化天成的山水世界，被譽為"地球紀念物"。

湖南省

因大部分地區位於洞庭湖之南而得名。境內湘江貫穿南北，所以簡稱為湘。

端午節與湖南

傳說端午節是為了紀念大詩人屈原，屈原是戰國末期楚國人，他憂國憂民，卻屢遭奸臣排擠，被楚王流放到洞庭湖。前278年，楚國都城郢被秦國攻佔，屈原感到救國無望，於農曆五月初五自投汨羅江。後來，五月初五這天就演變為端午節，人們用賽龍舟、包糉子的方式寄託哀思。

曾國藩與湘軍

湘軍是對晚清湖南地方軍隊的稱呼。太平天國運動興起後，清朝正規軍無法抵禦，不得不利用地方武裝，湘軍就是在這時由曾國藩創建並發展起來的。後來，湘軍將領及其幕僚成為當時中國政治、軍事舞台的主角，在中國近代史上發揮了重要作用。

② 毛澤東故居

毛澤東（1893－1976），中華人民共和國開國領袖，出生在湘潭韶山，並在這裏度過了他的少年時代。

③ 馬王堆漢墓的素紗襌衣

馬王堆漢墓在長沙市東郊的馬王堆鄉，是西漢初期長沙國丞相，軑侯利蒼的家族墓地。共出土珍貴文物3000多件。有一件素紗襌衣，輕若煙霧，薄如蟬翼，衣長1.28米，重僅49克。

④ 洞庭湖 - 岳陽樓

洞庭湖是中國第二大淡水湖。湖邊的岳陽樓與武漢的黃鶴樓、南昌的勝王閣並稱為"江南三大名樓"，自古以"洞庭天下水，岳陽天下樓"享譽四方。一千多年前范仲淹的不朽名篇《岳陽樓記》更使之名滿天下。

⑤ 衡山

位於衡山縣境內，為五嶽名山之南嶽。衡山七十二群峰層巒疊嶂，古木參天，有"五嶽獨秀"之譽。

⑥ 湘西吊腳樓

是湘西常見的一種民居建築，有利於防潮、通風，且節約土地。

湖

北

省

西

江

長

江

西

省

壯

族

自

治

區

廣

西

廣

東

省

南

嶺

山

石門

澧縣

油菜

洞庭湖漁業

④ 岳陽

① 張家界

土家族

永順

茶葉

湘蓮

南方長城

吉首

桃花源

臍橙

益陽

湘繡

瀏陽花炮

岳麓書院

長沙

瀏陽

鳳凰

⑥

鳳凰古城

漵浦

② 韶山

③

株洲

冷水江銻礦

婁底

冷水江

湘潭

醴陵

懷化

洞口

邵陽

⑤

攸縣

水稻

南山牧場

浯溪碑林

衡陽

炎帝陵

靖州

苗族

祁陽

永州

炎陵

水口山鉛鋅礦

郴州

東江水庫

道縣

瑤族

廣東省

宋代設廣南東路（"路"是宋代地方政區），治所在廣州，"廣東"即廣南東路的簡稱。"粵"最原始的意義是指華南百越，古文獻中"粵"和"越"互為通假，可隨意互調使用。後來，"粵"字意義收窄，成為廣東簡稱。

不辭長作嶺南人

位於廣東的羅浮山，又名東樵山，因晉代葛洪在此修煉，並著《抱朴子》一書，而成為中國道教十大名山之一，被譽為"嶺南第一山"。北宋文學家蘇東坡被貶官到嶺南後，曾在這裏作下《惠州一絕》："羅浮山下四時春，盧橘楊梅次第新。日啖荔枝三百顆，不辭長作嶺南人。"更使嶺南、使羅浮山聞名於世。

① 星湖風景區

由七星岩、鼎湖山兩大景區組成，為國家重點風景名勝區。七星岩又稱星湖，由七座形似北斗的石岩組成。鼎湖山森林茂盛，植物種類繁多，是重要的自然保護區。

② 虎門銷煙遺址

1839年6月，民族英雄林則徐下令在東莞市虎門鎮海邊將從英美鴉片販子手中收繳的237萬斤鴉片當眾銷毀，這就是震驚中外的"虎門銷煙"。此處現在已被闢為鴉片戰爭博物館。

③ 開平碉樓

廣東僑鄉開平一帶特有的鄉土建築群落，造型獨特，現已列入《世界遺產名錄》。

④ 深圳經濟特區

成立於1980年，是中國改革開放的窗口。昔日的深圳是一個破舊的小漁村，現在已經變成了現代化的海濱城市。

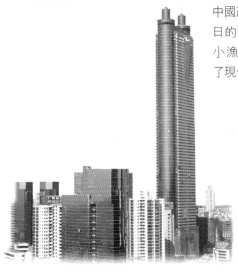

⑤ 廣州早茶

　　廣州早茶頗具地方特色，茶點品種繁多，美味可口。吃早茶已成為當地人的一種社交活動。

⑥ 五羊塑像

　　位於越秀山上，是廣州的象徵。傳說古代有五個仙人騎五色羊攜穀穗降臨廣州，從此這裏五穀豐登，永無饑荒。仙人離去後，五羊化為石羊，留駐廣州，因此廣州又稱"羊城"。

⑦ 黃埔軍校舊址

　　1924年，孫中山在廣州親手創辦了一文一武兩所學堂——國立廣東大學（今天的中山大學）和黃埔軍校。黃埔軍校原址設於廣州市黃埔區長洲島，全名中國國民黨陸軍軍官學校。這裏曾培養出眾多名將，在中國歷史上具有舉足輕重的作用。

① 程陽侗鄉風雨橋

位於三江侗族自治縣，是中國目前保存最好最大的風雨橋，它集橋、廊、亭三者於一體，是侗族木石建築藝術珍品。

廣西壯族自治區

公元前214年，秦朝在嶺南設置桂林、南海和象郡，其中桂林郡和象郡包括今廣西大部分地區。宋朝時，在這裏設置"廣南西路"，後簡稱"廣西路"。民國初期廣西省會在桂林，所以廣西簡稱"桂"。

鎮南關大捷

鎮南關（今友誼關）位於廣西憑祥市西南的中越邊境。鎮南關大捷，是晚清時期難得的一次對外軍事勝利。1885年3月，法軍自越南進犯鎮南關，老將馮子材率士卒浴血奮戰，將法軍擊退，清軍乘勝追擊，連破文淵、諒山。法軍戰敗的消息傳至巴黎後，法國議會以306對149票否決軍費追加案，總理儒爾·費里引咎辭職。清政府以勝求和，於1885年6月9日，與法國簽署《中法會訂越南條約》，即《中法新約》。

② 靈渠

位於興安縣境內，溝通湘江和灕江水系。靈渠修建於秦始皇時期，距今已有2200多年歷史，是世界上最古老的人工運河之一。

③ 三月三歌圩

每年農曆三月初三，壯族人民舉辦歌會，對唱山歌。屆時，青年男女三五成群，雲集歌場，即興對唱，壯鄉山寨到處都是歌的海洋。

④ 桂林山水

桂林擁有世界上最典型的岩溶景觀，是著名的風景旅遊城市。"桂林山水甲天下"已是人盡皆知。韓愈所讚"江作青羅帶，山如碧玉簪"是桂林山水的最佳寫照。

湖 南 省

江 南

省 州

貴

鳳 山
天峨
南丹
東蘭

大廠錫礦

全州
興安
靈渠
湘江

①三江

融水

仫佬族

河池
龍江
宜州

水稻

洛清江

桂林

④

陽朔

荔浦芋頭

賀州

荔浦
昭平

②

賀江

廣

都安
紅水河
紅水河

柳州

柳江

黔江

金田起義舊址

芒果

來賓

茶葉

桂平

潯江

梧州

東

香蕉

平果

壯族

貴港

鬱江

沙田柚

岑溪

西

鋁礦

南寧

邕江

菠蘿

龍眼

玉林

大容山

南流江

雲開大山

省

崇左
左江

甘蔗

西津水庫

荔枝

小江水庫

欽州

北海珍珠

合浦

東興

防城港

北海

北 部 灣

北海港

北部灣油田

⑤ 壯錦

　壯族婦女的傳統手工藝品，工藝精湛，色彩豔麗，曾為古代皇室貢品。

廣西壯族自治區 **61**

① 椰林風光

　　海南島是椰林的世界，到處可見高大挺拔的椰子樹。文昌市的東郊椰林是其佼佼者，有"椰子之鄉"美稱。

海南省

　　包括海南島和南海諸島及其海域。因行政中心位於海南島上，故名。又因古時為瓊崖、瓊州，故簡稱瓊。

海南之最

　　海南是中國跨緯度最大的省級政區，也是中國陸地面積最小，海洋面積最大的省。全省海域面積約200萬平方公里，陸地總面積3.5萬平方公里，其中海南島總面積3.39萬平方公里，是中國第二大島。

海青天

　　海南在歷史上因地理位置偏遠，曾長期做為流放犯人的地方。唐代宰相李德裕在"牛李黨爭"失敗後，就被貶斥海南。到了明代，海南出了一位與宋代包拯齊名的清官——海瑞，後人稱其為"海青天"。海瑞為人正直剛毅，蔑視權貴，為政清廉，深得民眾愛戴，生平事蹟在民間廣泛流傳。海瑞死時，正在南京右都御史的任上，當地百姓罷市紀念。靈柩用船運回家鄉時，穿着孝服的人站滿了兩岸，祭奠哭拜的人百里不絕。

② 天然橡膠種植業

　　海南的氣候非常適合橡膠等熱帶經濟作物的種植，因此海南島成為中國最大的天然橡膠種植基地。

③ 東寨港紅樹林

　　位於海南省瓊山區，是中國面積最大、保存最完整的紅樹林區，被稱之為"海上森林"。

④ 三亞海濱

　　位於海南島最南端，自古被稱為"天涯海角"，是中國最美的熱帶海濱遊覽地。擁有燦爛的陽光、細柔的沙灘和潔淨的海水，海風清新，椰樹婆娑，宛如仙境。

⑤ 黎族

　　中國56個民族之一，主要生活在海南島中南部的五指山區。嚼檳榔、跳竹竿舞是黎族人的愛好。

部

洋浦灣

灣

珠碧

水稻

昌江

東方

昌江

黎族

鶯歌海鹽場

南海

廣東省

瓊　州　海　峽

七洲洋

七州列島

海口港　海口

澄邁灣

錨前灣

東寨港

臨高

後水灣

椰子樹

菠蘿

香蕉

甘蔗

石斑魚

③

荔枝

②

龍眼

澄邁

定安

文昌

①

儋州

劍麻

屯昌

芒果

瓊海

博鰲

海馬

文昌魚

松濤水庫

白沙

檳榔

南　渡　江

萬　泉　河

瓊中

博鰲亞洲論壇

熱帶植物園

海蟹

五指山

五指山茶葉

萬寧

五指山

保亭

香蕉

陵水河

陵水

海龜

大洲島

珊瑚

海

椰子樹

龍蝦

④　三亞

亞龍灣

遠洋漁業

海濱浴場

南　海

陵水灣

廣州

南寧

澳門　香港

台灣島

越　南

海口

南　海

老撾

柬埔寨

西沙群島

中沙群島

東沙群島

菲律賓

南沙群島高腳屋

曾母暗沙

南沙群島

海南省全圖

⑥　熱帶水果

　　海南島地處熱帶，長夏無冬，盛產熱帶水果，如椰子、檳榔、芒果、龍眼等。

① 大足石刻
位於大足縣，數萬尊上千年的石刻造像保存完整，雕刻精美，是中國唐宋時期石刻藝術的代表作，已列入《世界文化遺產》。

重慶市

嘉陵江古稱渝水，隋時於嘉陵江畔置渝州，即今日之重慶，故重慶簡稱"渝"。1102年，宋徽宗改渝州為恭州。1189年，宋光宗先封恭王，後即帝位，自詡"雙重喜慶"，升恭州為重慶府，重慶由此得名。

釣魚城之戰

釣魚城位於重慶合川，地勢險要，易守難攻。南宋末年，這裏爆發了一場重要的戰役——釣魚城之戰。當時，蒙古大汗蒙哥決定發動大規模的侵宋戰爭。他意欲以主力奪取四川，然後順江東下，直搗宋都臨安。南宋開慶元年（1259年）二月，蒙軍與宋軍在合川打響釣魚城之戰，南宋軍民頑強堅守，令蒙軍一籌莫展。同年七月，蒙哥被流彈擊中身亡，蒙古被迫撤軍，暫停了對宋的戰爭。釣魚城之戰，使得南宋又延續了20年，也一度停滯了蒙古帝國擴張的步伐，甚至改變了歐亞戰場的格局。

② 重慶火鍋
重慶火鍋以味道獨特、麻辣刺激而備受青睞，成為重慶美食的代名詞。

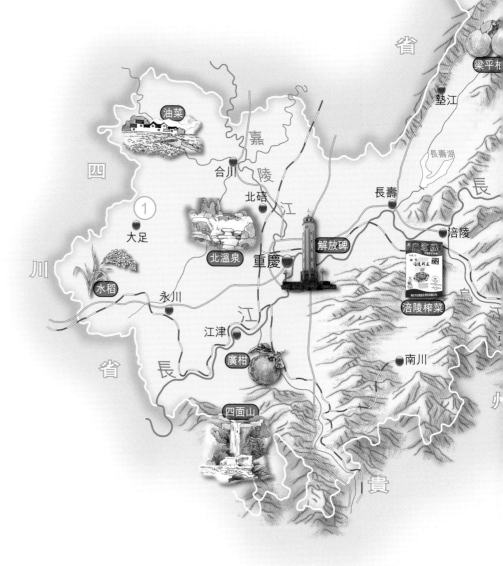

③ 天坑地縫

　　位於奉節縣長江南岸，是一個以山嶽喀斯特地貌為特徵的峽谷景觀。其中，小寨天坑是世界上已知最大的岩溶漏斗，人稱"世間絕境"。

④ 白帝城

　　白帝城位於重慶奉節，三國時期，劉備在夷陵之戰中慘敗，後病逝於白帝城，留下"白帝城託孤"的典故。唐朝大詩人李白更是寫下"朝辭白帝彩雲間，千里江陵一日還，兩岸猿聲啼不住，輕舟已過萬重山"的經典詩句。

⑤ 長江三峽

　　長江三峽是瞿塘峽、巫峽和西陵峽的總稱。西起重慶奉節白帝城，東至湖北宜昌南津關，全長193公里，以險峻的地形和綺麗的風光聞名於世。瞿塘峽在重慶境內，峽江斷崖壁立，素稱"夔門天下雄"。巫峽西段也在重慶境內，兩岸並立巫山十二峰，以神女峰最為俊秀。

四川省

宋代曾在這裏設置了益、梓、利、夔四路，合稱"川峽四路"，簡稱"四川路"，並設四川制置使，為四川得名的開始。又因為四川在商周時期有古蜀國，故也被稱為"蜀"。

五丁開山

成語"五丁開山"講的是發生在古蜀國的故事。戰國時期，秦國強大起來，想要吞併蜀國。但蜀國地勢險要、道路險阻，不利於進軍。於是，秦王就派人鑿了一頭石牛，放在秦蜀的邊境，又在石牛身後放了一堆金子，散播說石牛能糞金子。還對蜀王表示願意將石牛送給他。蜀王貪婪，立刻派五位大力士帶人去開山鑿路，搬運石牛。等將石牛運到都城了，秦軍的大隊人馬也跟在後面到達了，很快就滅亡了蜀國。後來，這條路就被叫做"金牛道"或"石牛道"，是古蜀道的一部分，很長時間裏都是入蜀的必經之路。

① 黃龍

位於四川北部的松潘縣，自然風光與九寨溝齊名，是世界自然遺產。景區內層層疊疊的鈣華彩池水光瀲灩，地表鈣華坡谷宛如金色巨龍騰游於林海，瑰麗無比，令人歎為觀止。

② 都江堰

中國古代最偉大的水利工程。位於成都平原西部的岷江上，至今有2000多年歷史，仍在發揮着防洪灌溉作用。是世界文化遺產。

③ 九寨溝

位於四川北部的九寨溝縣，是世界自然遺產。這裏有廣袤的原始森林和五彩斑斕的湖水，彷彿人間仙境，因此有"童話世界"的美譽。

④ 峨眉山

中國佛教四大名山之一，著名旅遊勝地。山巒巍峨俊秀，林木蔥蘢，日出、雲海、佛光、晚霞為其四大奇觀。是世界自然與文化遺產。

⑤ 成都小吃
　　成都是著名的"美食之都"，成都小吃品種繁多，色、香、味俱全，是旅川遊客的美食首選。

甘肅省

黃河
岷山
若爾蓋
犛牛
九寨溝 ③
① 松潘
藏族
羌族
陝西省
廣元
劍門蜀道
巴中
棉花
油菜
萬源
青稞
馬爾康
汶川
峽
水稻
川東天然氣
金絲猴
道孚
都江堰 ⑥
綿陽
嘉
陵
三星堆遺址
達州
雲
青城山
② ⑤
成都
望江樓
蜀繡
南充
江
茶葉
重
康定
瀘定橋
沱
資陽
廣安
慶
貢嘎山
眉山
江
甘蔗
遂寧
市
瀘定
雅安
岷
內江
江
樂山大佛
樂山 ④
自貢
恐龍博物館
瀘州
長
彝族
五糧液酒
宜賓
蜀南竹海
江
木里
西昌
金
江
貴
西昌衛星發射基地
雲
州
瀘沽湖
南
⑥ 大熊貓
　　四川盆地西緣一帶的高山峽谷之中，生活着有中國"國寶"之稱的大熊貓。它以其特有的外形、可愛的神態被全世界人民所喜愛，但它又是世界瀕危物種。2006年，四川大熊貓棲息地被列入《世界遺產名錄》加以特別保護。
攀枝花
鋼鐵工業
省

① 苗年風情

苗年是苗族祭祀祖宗和慶祝豐收的傳統節日，時間一般在農曆十月。節日期間，人們身着華麗服裝，參加跳蘆笙舞、鬥牛、賽馬等活動，盡情歡樂。

貴州省

元初正式命名為貴州。因境內有貴山，故簡稱"貴"，又因轄區東北部秦時屬黔中郡，唐屬黔中道，故又簡稱"黔"。

夜郎自大

夜郎國是西漢時期位於貴州西部的一個小國，只相當於漢朝一個縣大小。公元前122年，漢武帝為尋找通往印度的通道，曾遣使者到達位於雲南的小國滇國。滇王問漢使："漢與我誰大？"後來漢使途經夜郎，夜郎國君也提出同樣問題。因而世人便以"夜郎自大"喻指狂妄無知、自負自大的人。

黔驢技窮

貴州本來沒有驢，有人運來一頭，卻發現沒有用，就把牠放到山腳下。當地的老虎從沒見過驢，以為牠很兇猛，不敢靠近。試探了幾次，老虎發現，驢並沒有甚麼本事，就撲上去把牠吃掉了。這本是唐代文學家柳宗元寫的寓言故事，現在多用於諷刺一些虛有其表，外強中乾的人。

② 遵義會議舊址

一座磚木結構的二層樓房。1935年1月，中共中央在此召開具有重大歷史意義的會議，為紅軍完成二萬五千里長征奠定了基礎。現為遵義會議紀念館。

③ 茅台酒

貴州最著名的特產，世界三大知名蒸餾酒（中國茅台酒、英國威士忌、法國白蘭地）之一。

④ 黔金絲猴

中國特有的珍稀動物，棲息於貴州東北部梵淨山的高山密林中，屬國家一級保護動物。

⑤ 黃果樹瀑布

位於貴州西南白水河上，寬81米，落差74米，是中國最大的瀑布。

（地圖標註）雲　南　省　烏蒙山　牛攔江　草海　威寧　黑頸鶴　六盤水煤礦　六盤水　盤縣　玉米　興義　黃泥河

重慶市

道真

赤水
赤水

水稻

德江

桐梓

四川省

③

仁懷

紅腹錦雞

梵淨山

④

銅仁

遵義

②

湖南省

烏江渡水電站

銅仁汞礦

玉屏簫笛

灘陽河

玉屏

鎮遠

天麻

織金溶洞

甲秀樓

織金

紅楓湖

貴陽

凱里

侗族

黎平

安順

安順地戲面具

都勻

都勻毛尖

榕江

⑤

油菜

苗族

水稻

羅甸

荔波

廣西壯族自治區

布依族

水稻

南盤江

⑥ **蠟染**
　　貴州西南少數民族地區流行的一種傳統印染手工藝。蠟染服飾圖案豐富，色調素雅，富有民族特色。

① 石林

一處由石峰、石柱和石筍等構成的石頭林海，是典型的岩溶地貌，被譽為"天下奇觀"。

雲南省

因位於"雲嶺之南"而得名。"滇"是秦漢時西南夷中一個較大的部族，主要居住在今雲南昆明滇池地區，曾建立過政權，故雲南簡稱"滇"。

莊蹻王滇

據司馬遷《史記》記載，戰國後期，楚頃襄王（前298年—前263年）在位時，大將莊蹻奉命率軍南征，為楚國開拓疆土，一直打到滇池。但也正在此時，楚國的巴郡、黔中郡卻被秦國攻佔，南征楚軍的歸路斷絕，莊蹻遂留在滇池建立滇國，自立為滇王，號"莊王"。

七擒孟獲

公元225年，諸葛亮率軍南征，平定蜀漢南中地區的叛亂。南中地區就在今天的雲南境內，當時是少數民族聚居的地方。"七擒七縱"是諸葛亮對當地少數民族豪強首領孟獲採取的攻心戰策略。

② 麗江古城

一座具有800多年歷史的納西族城市，小巧精緻，古樸自然，是中國最美麗的古城，被列入世界文化遺產。以"家家臨溪，戶戶垂楊"被譽為"東方威尼斯"。

③ 傣族潑水節

傣族傳統節日，於每年4月中旬舉行。潑水節期間，人們相互潑灑清水，表達祝福，慶祝傣曆新年。

④ 昆明世博園

昆明世界園藝博覽園的簡稱，1999年世界園藝博覽會在此舉辦。

梅里

西藏自治區

橫

緬

珍

騰沖

騰沖熱海

甸

瑞麗

⑤ 西雙版納——孔雀之鄉

　　西雙版納美麗、神奇、富饒，是天然的"動植物王國"。茂密的熱帶雨林裏生活着許多珍禽異獸，如孔雀、亞洲象等。雲南把金孔雀作為自己的象徵，其故鄉就是西雙版納。

⑦ 元謀人

　　雲南是人類重要的發祥地之一，生活在距今170萬年前的雲南元謀猿人，是迄今為止發現的中國和亞洲最早人類。

⑥ 大理三塔

　　大理是中國歷史文化名城，位於蒼山腳下、洱海之濱。三塔建於唐朝，是大理古城的象徵。

蟲草
香格里拉
玉龍雪山
②
麗江
長江第一彎
蘭坪
坪鉛鋅礦
天麻
彝族
⑥ 大理
⑦ 元謀
東川
東川銅礦
白族
楚雄
④ 昆明
滇池大觀樓
水稻
臨滄
傣族
玉米
玉溪
烤煙
① 石林
普者黑風景區
富寧
文山
普洱茶
普洱
元江
個舊錫礦
個舊
元陽
天然橡膠
曼飛龍塔
元陽梯田
河口
③ 景洪
⑤
亞洲象
水富
鹽津
天麻
昭通
宣威
宣威火腿
曲靖

四川省
貴州省
廣西壯族自治區
越南
老撾

① 布達拉宮

始建於公元7世紀松贊干布統治時期，17世紀重建後，成為歷代達賴喇嘛的冬宮。是世界上最大的宮堡式建築群，也是拉薩的標誌性建築。1994年被列入世界文化遺產。

② 藏族朝聖者

在西藏，經常可以見到從千里之外趕赴拉薩的朝聖者。他們不乘坐任何交通工具，只靠自身，幾步一拜，以這樣一種方式朝心中的聖地虔誠行進。

西藏自治區

明代稱這一地區為烏思藏；清初稱衛藏、衛即前藏（拉薩、山南地區），藏即後藏（日喀則、江孜地區）；康熙後正式定名為西藏。

《步輦圖》裏面的故事

《步輦圖》是唐代畫家閻立本的作品，反映的是唐太宗接見吐蕃使臣祿東贊的情形。公元七世紀初，生活在青藏高原的吐蕃強大起來，在贊普（國王）松贊干布的帶領下，統一了青藏高原。唐貞觀十四年（640年），松贊干布派大臣祿東贊出使大唐，請求和親。唐太宗同意將宗室女文成公主嫁予松贊干布。文成公主入藏後，將中原文化傳播入藏，對

《步輦圖》

增進漢藏民族的團結，促進中原和吐蕃地區經濟文化的交流和發展，產生了深遠的影響。現存拉薩的小昭寺，最初就是文成公主入藏後修建的。

③ 珠穆朗瑪峰

位於中國和尼泊爾兩國的交界處，高8844.43米，是世界第一高峰，號稱"地球之巔"。

④ 青藏鐵路
　　東起青海西寧，西至西藏拉薩，2006年7月1日建成通車，是世界上海拔最高、線路最長的高原鐵路，也是雪域高原上第一條生態環保鐵路。

⑤ 藏族特色飲食
　　青稞酒、酥油茶、糌粑等是常見的藏族特色飲食。

⑥ 雅魯藏布大峽谷
　　位於雅魯藏布江下游，是世界上最長最深的大峽谷。

治　　區
可　西　里　山
藏羚羊
瑪
色林錯
野驢
青
唐
海
古
省
拉
山
安多
納木錯
班戈
那曲
比如
雪蓮
蟲草
昌都
四
川
藏族
納木錯
當雄
西
藏
唐
古
拉
山
工布江達
⑥
森林
省
扎什倫布寺
羊八井地熱
①
藏毯
拉薩
林芝
墨脫
橫
斷
山
察隅
雲
日喀則
拉孜
江孜
羊卓雍錯
雅　魯　藏　布　江
那
山
脈
省
印
度
不
丹
雅
山
度
印
緬
甸

① 陝北窰洞

窰洞是黃土高原上傳統的民居建築，以陝北更為典型，大多依山開挖而成，堅固耐用，冬暖夏涼。

陝西省

西周初年，陝原（今河南陝縣）以東曰"陝東"，由周公管轄；陝原以西曰"陝西"，由召公管轄。陝西因此得名。

陸上絲綢之路的起點

陸上絲綢之路指西漢張騫通西域以來形成的，以長安（陝西西安）為起點，經甘肅、新疆，到中亞、西亞，並聯結地中海各國的陸上通道。因為由這條路西運的貨物中以絲綢製品的影響最大，故得此名。隋唐時期，絲路空前繁榮，胡商雲集長安。唐中葉戰亂頻繁，陸上絲路被阻，海上絲路逐漸取而代之。

涇渭分明

涇河是渭河的最大支流，二水在陝西西安北郊交匯時，由於含沙量不同，呈現出一清一濁，清水濁水同流一河互不相融的奇特景觀。後人就用"涇渭分明"來比喻界限清楚或是非分明，也用來比喻人品的清濁，比喻對待同一事物表現出來的兩種截然不同的態度。

② 兵馬俑坑

秦始皇陵的附屬建築，因坑內規模巨大、藝術水準高超的兵馬雕塑群而震驚世界。

③ 黃帝陵

位於黃陵縣橋山上，是中華民族始祖軒轅黃帝的陵墓，海內外華人華僑尋根祭祖的聖地。

④ 陝西歷史博物館

位於西安大雁塔西北側，是一座擁有現代化設施的大型國家級博物館，珍藏珍貴文物37萬餘件，被譽為"華夏珍寶庫"。

⑤ 華山

五嶽名山之西嶽。因山勢陡峭、絕壁巍峨而聞名於世，素有"自古華山一條路"之說。

⑥ 秦始皇

秦始皇（公元前259年－前210年），是首次完成中國統一的秦王朝的開國皇帝。

內蒙古自治區

府谷

粟

神府煤礦

榆林

黃山

陝北天然氣

綏德

寧夏回族自治區

定邊　靖邊

陝北紅棗

安塞腰鼓　安塞

延長油田

山西省

① 延安

延安寶塔

甘肅省

黃陵

韓城

③

黃河

銅川煤礦

隴縣

小麥

乾陵

臨潼石榴

華陰

渭南

乾縣　咸陽　西安 ②　⑤

河南省

寶雞

紅腹錦雞

藍田　商州煤礦

獼猴桃

西安鐘樓 ④　藍田猿人遺址

商洛

玉米

武侯祠

佛坪

嘉陵江

漢中

大熊貓

水稻　朱鹮

安康

漢江

鎮巴

茶葉

四川省

湖北省

重慶市

甘肅省

因省內的甘州（今張掖）與肅州（今酒泉）而得名，又因省境大部分在隴山（六盤山）以西，唐代曾在此設置隴右道，故簡稱"隴"。西夏時，其行政中心在甘州，故簡稱"甘"。

玉門關與陽關

"羌笛何須怨楊柳，春風不度玉門關"和"勸君更盡一杯酒，西出陽關無故人。"分別出自王之渙的《涼州詞》和王維的《送元二使安西》，都是唐詩中的經典名句。其中提到的玉門關、陽關，都在甘肅境內。

玉門關始置於漢武帝開通西域道路、設置河西四郡之時，因西域輸入玉石時取道於此而得名。漢時為通往西域各地的門戶。

陽關是中國古代陸路對外交通咽喉之地，是絲綢之路南路必經的關隘。西漢置關，因在玉門關之南（古人以南為陽，北為陰），故名。唐代高僧玄奘從印度取經回國，就是走絲路南道，東入陽關返回長安的。

② 嘉峪關

明代長城的最西端，地勢險要，為古代軍事重地，是一座保存完整的古老關城。

玉門關遺址

陽關遺址

④ 鳴沙山—月牙泉

　　位於敦煌，以"沙泉共生"這一沙漠奇觀聞名於世。茫茫沙海中獨有一泓清泉，令人稱奇。

① 敦煌莫高窟

　　位於敦煌市東南，是世界上規模最宏大、保存最完好的佛教藝術寶庫，是世界文化遺產。

③ 酒泉衛星發射中心

　　中國建設最早、規模最大的衛星發射中心，也是中國目前唯一的載人航天發射場。

張掖

山丹軍馬場

金昌鎳礦

金昌

武威

黃河水車灌溉

天祝

白銀銅礦

白銀

黃河母親雕像

蘭州

劉家峽水電站

⑤

定西

臨洮

長慶油田

慶陽

平涼

崆峒山

寧夏回族自治區

陝

西

省

拉卜楞寺

合作

小麥

天水

麥積山石窟

宕昌

瑪曲

四

川

省

隴南

黃

河

⑤ 白蘭瓜

　　一種厚皮甜瓜，瓜肉翠綠，瓤厚汁豐，脆而細嫩，有"香如桂花，甜似蜂蜜"之譽。因盛產於蘭州，又名"蘭州蜜瓜"。

甘肅省 **77**

① 黃河源

黃河上游的源流地區，由卡日曲、約古宗列曲、扎曲以及鄂陵湖、扎陵湖等組成。

青海省

因境內有中國最大的內陸鹹水湖——青海湖而得名。青海湖藏語稱錯溫波，蒙古語稱庫庫諾爾，均意為"青色的湖"。

青海長雲暗雪山

詩句出自唐代詩人王昌齡的《從軍行》（其四），全詩是"青海長雲暗雪山，孤城遙望玉門關。黃沙百戰穿金甲，不破樓蘭終不還。"唐代西、北方的強敵，一是吐蕃，一是突厥。青海地區，正是吐蕃與唐軍交鋒的主戰場之一。一代名將哥舒翰曾築城於此，置神威軍以固邊防，抗禦強敵。

已報生擒吐谷渾

王昌齡的《從軍行》（其五）寫到"大漠風塵日色昏，紅旗半捲出轅門。前軍夜戰洮河北，已報生擒吐谷渾。"吐谷渾是鮮卑族的一支，生活在青海、甘肅等地。唐朝初年，將其征服，並加封其首領為青海國王。洮河是黃河上游的支流，源出青海西傾山。

② 藏羚羊

主要分佈於青藏高原，善於奔跑，被譽為"青藏高原上的精靈"，屬國家一級保護動物。

③ 可可西里

位於青海省西部，自然環境惡劣，是中國最大的無人區，卻是許多珍稀動物的家園，藏羚羊、野驢、野氂牛、雪豹等都生活在這裏。

④ 長江源

　　長江上游的源流地區，由正源沱沱河、南源當曲、北源楚瑪爾河組成。這裏雪山蜿蜒，湖泊廣佈，河川眾多，是三江源（長江源、黃河源、瀾滄江源）國家級生態環境保護區的一部分。

⑤ 青海湖—鳥島

　　青海湖是中國最大的鹹水湖，湖水清澈純淨。湖中的鳥島棲息着10萬隻以上的候鳥，每當鳥類盛會之時，飛翼連天，蔚為壯觀。

寧夏回族自治區

寧夏在宋代是西夏國的一部分，元滅西夏後，在當地設西夏行省，不久改寧夏行省，寓"西夏安寧"之意，為寧夏得名的開始。

寧夏與西夏國

北宋時，黨項族人李元昊建立了大夏國（1038－1227），都銀川，習稱西夏。其疆域包括今寧夏、陝西、甘肅的大部分地區，後來亡於蒙古。

黨項族是羌族的一支（也有說源自鮮卑拓跋部），唐朝時生活在夏州、宥州，也就是今天的寧夏一帶。唐末黃巢起義時，黨項族首領拓跋思恭出兵征討。戰後，唐僖宗賜拓跋思恭為夏州節度使，加封夏國公，賜姓李。奠定了其家族的勢力範圍，並為日後西夏立國打下了基礎。

① 羊皮筏子

黃河上一種古老的擺渡工具，一般由十幾個羊皮袋並排捆紮在木架上組成。浮力好，且小巧輕便，操控簡單。

② 開齋節

回族等信仰伊斯蘭教民族的盛大節日，於伊斯蘭教教曆的十月初開始。在開齋節這天，人們要沐浴更衣，聚集在附近的清真寺禮拜，並舉行隆重的節日慶祝活動。

③ 沙湖生態旅遊區

位於銀川市北，是一處融江南水鄉與大漠風光為一體的生態旅遊區。

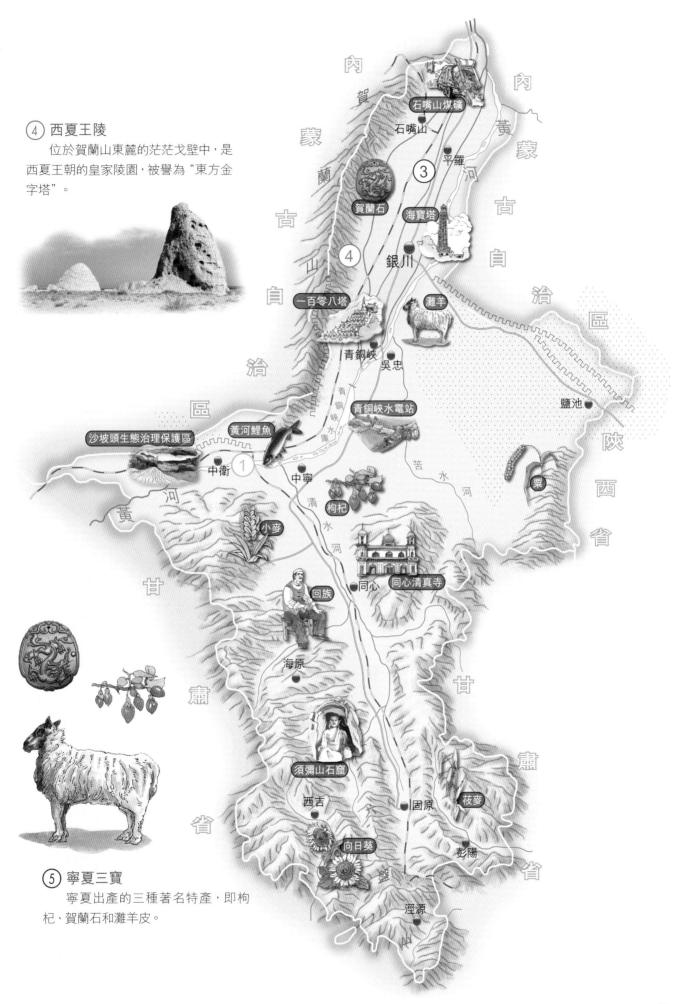

④ 西夏王陵

位於賀蘭山東麓的茫茫戈壁中，是西夏王朝的皇家陵園，被譽為 "東方金字塔"。

⑤ 寧夏三寶

寧夏出產的三種著名特產，即枸杞、賀蘭石和灘羊皮。

石嘴山煤礦
石嘴山
平羅
③
賀蘭石
海寶塔
④
銀川
一百零八塔
灘羊
青銅峽
吳忠
青銅峽水電站
鹽池
沙坡頭生態治理保護區
黃河鯉魚
中衛 ①
中寧
粟
枸杞
小麥
同心清真寺
回族
同心
海原
須彌山石窟
莜麥
西吉
固原
向日葵
彭陽
涇源

內蒙古自治區
賀蘭山自治區
黃河
陝西省
甘肅省

① 天山天池
　　地處天山博格達峰的山腰，古稱"瑤池"。天池湖水清碧，雪峰倒影，雲杉環抱，恰似人間仙境。

新疆維吾爾
自治區

　　新疆在古時為"西域"的一部分，漢朝在這裏設西域都護，唐朝在這裏設安西都護府和北庭都護府等機構。1757年，在平定了當地準噶爾部叛亂後，乾隆皇帝將此地命名為"新疆"，取"故土新歸"之意。1884年清政府在新疆設省。

忽如一夜春風來，千樹萬樹梨花開。

　　唐代詩人岑參在《白雪歌送武判官歸京》中寫到"北風捲地白草折，胡天八月即飛雪。忽如一夜春風來，千樹萬樹梨花開。……輪台東門送君去，去時雪滿天山路。山迴路轉不見君，雪上空留馬行處。"描寫的是新疆天山漫天飛雪的景色。唐代的輪台在今新疆烏魯木齊市。漢代也有輪台，在今天新疆的輪台縣。漢武帝時，曾在這裏駐軍屯田。

② 樓蘭古城
　　樓蘭曾是南疆古絲綢之路上繁榮一時的古城，如今只留下殘垣斷壁供人憑弔。

③ 烏魯木齊國際大巴札
　　"巴札"是維吾爾語，意為"集市"。國際大巴札是一處極具西域民族特色的購物中心，是赴新疆旅遊的購物首選地。

④ 天山牧場
　　發源於天山山脈的多條河流在山麓形成大面積綠洲，成為天然牧場。

⑤ 瓜果之鄉

　　"吐魯番的葡萄哈密的瓜,庫爾勒的香梨沒有渣,葉城的石榴頂呱呱"。新疆是久負盛名的"瓜果之鄉",品種繁多,質地優良,一年四季乾鮮瓜果不絕於市。

俄羅斯

哈薩克斯坦

喀納斯自然保護區

阿勒泰

小麥

蒙古

塔城

細毛羊

克拉瑪依油田

克拉瑪依

準噶爾盆地

博樂　艾比湖

棉花

吉木薩爾

火焰山

巴里坤

③　①

石河子

伊寧

烏魯木齊

④

巴音布魯克天鵝湖

維吾爾族

吐魯番　⑥

吐魯番葡萄

哈密

庫爾勒香梨

輪台　庫爾勒　博斯騰湖

哈密瓜

胡楊林

②　羅布泊

塔里木油田

塔克拉瑪干沙漠

塔里木盆地

若羌

甘肅省

駱駝

且末

青海省

于田

雪蓮

西藏自治區

⑥ 葡萄溝 - 維吾爾族歌舞

　　葡萄溝位於吐魯番市東北、火焰山西段,以盛產葡萄聞名於世。現已成為一處集農業觀光、餐飲、維吾爾族歌舞為一體的大型旅遊區。維吾爾族是中國56個民族之一,能歌善舞,主要聚居在天山以南的喀什、和田、阿克蘇和庫爾勒等地。

① 香港回歸

1982年至1984年，中英兩國就落實香港前途問題進行談判，在1984年簽訂《中華人民共和國政府和大不列顛及北愛爾蘭聯合王國政府關於香港問題的聯合聲明》，決定1997年7月1日中華人民共和國對香港恢復行使主權。

香港特別行政區

香港是一個天然的港灣，附近有溪水甘香可口，海上往來的水手，經常到這裏來取水飲用，久而久之，甘香的溪水出了名，這條小溪就被稱為"香江"，而香江入海沖積成的小港灣，也就開始被稱為"香港"。

② 香港海洋公園

位於香港島南部，是亞洲著名的海洋公園，擁有一個面積極大的海洋水族館，是人們休閒娛樂的好地方。

割讓香港的不平等條約

香港全境包括三個部分：香港島，九龍，新界，分別來源於不同時期的三個不平等條約。1840年第一次鴉片戰爭後，英國強迫清政府於1842年簽訂《南京條約》（《江寧條約》），割讓香港島。

1856年英法聯軍發動第二次鴉片戰爭，迫使清政府於1860年簽訂《北京條約》，割讓九龍半島，即今界限街以南的地區。

1898年，英國逼迫清政府簽訂《展拓香港界址專條》，強租新界，租期99年，至1997年6月30日結束。

③ 香港特別行政區區旗、區徽

區旗是一面中間配有紫荊花圖案的紅旗。紅旗代表祖國，白色紫荊花代表香港。區徽呈圓形，中間圖案和象徵意義與區旗相同，其外圈寫有中文 "中華人民共和國香港特別行政區" 和英文 "HONG KONG" 字樣。

④ 紫荊花雕塑

紫荊花是香港的市花。這座位於金紫荊廣場的雕塑是中央政府贈送的，作為香港回歸祖國的見證。

⑤ 賽馬

香港賽馬會是全球最大的賽馬機構，沙田馬場是香港著名的賽馬場地。

珠江

香港國際

大澳

天壇

大嶼海

廣 東 省

深圳河

深圳灣（後海灣）

大 鵬 灣

平洲

京九鐵路

上水

元朗

大埔

新界

屯門

青馬大橋

葵涌

⑤

沙田

西貢

船灣淡水湖

萬宜水庫

將軍澳

赤鱲角

青衣

九龍

迪斯尼遊樂園

國際會展中心

⑥ 維多利亞港

④

香港

香 港 島

嶼 山

②

喜靈洲

果洲群島

長洲

南丫島

淺水灣海濱浴場

蒲台群島

索罟群島

南 擔 桿 水 道 海

⑥ **維多利亞港**
　　位於九龍尖沙咀南岸海域，是世界重要
港口。海港兩岸的夜景舉世聞名。

① 大三巴牌坊

聖保羅教堂的前壁遺蹟，為澳門的標誌性建築。以其為代表的澳門歷史城區，是中國現存最古老、最完整的東西方風格共存的建築群，現為世界文化遺產。

澳門特別行政區

澳門以前是個小漁村，本名濠鏡或濠鏡澳，因為當時泊口可稱為"澳"，所以稱"澳門"。

葡萄牙人佔領澳門

1557年，葡萄牙人從明朝廣東地方政府取得澳門居住權，成為首批進入中國的歐洲人。當時葡萄牙人從媽祖閣附近登陸，詢問這裏的地名，當地人回答"媽閣"，於是澳門便被命名為Macau。1887年12月1日，葡萄牙與清政府簽訂《中葡會議草約》和《中葡和好通商條約》，正式通過外交手續佔領澳門。

傳教士的登陸地

葡萄牙人在澳門獲得居住權後，來自歐洲的傳教士將澳門做為進入中國的跳板。1582年8月7日，意大利的耶穌會傳教士利瑪竇（Matteo Ricci，1552－1610）到達澳門。他先後在肇慶、南京等地傳教，直到1601年，才得以覲見萬曆皇帝，被批准常住北京。1610年，利瑪竇病逝，安葬於北京。

② 澳門回歸

1986年，中葡兩國政府開始為澳門問題展開談判。1987年，兩國總理在北京簽訂《中華人民共和國政府和葡萄牙共和國政府關於澳門問題的聯合聲明》及兩個附件。中國於1999年12月20日對澳門恢復行使主權。

③ 澳門特別行政區區旗、區徽

區旗呈綠色，上面繪有五星、蓮花、大橋和海水，象徵澳門是祖國不可分割的一部分，預示澳門將興旺發達。區徽呈圓形，中間圖案和象徵意義與區旗相同，其外圈寫有中文"中華人民共和國澳門特別行政區"和葡萄牙文"MACAU"字樣。

④ 葡京大酒店

位於澳門半島，是澳門規模最大的集住宿、旅遊娛樂和博彩為一體的現代化五星級酒店，尤其以擁有亞洲最大的賭場而聞名。

⑤ 博彩業

　　澳門的旅遊博彩業舉世聞名，已成為澳門四大經濟支柱之首。

⑥ 盛世蓮花雕塑

　　蓮花是澳門人民喜愛的花卉，蓮花盛開象徵澳門永遠繁榮昌盛。盛世蓮花雕塑位於金蓮花廣場，是中央政府贈送的，作為澳門回歸祖國的見證。

廣東省

鴨涌河

澳門半島

珠

江

口

水塘

外港

內港

① 大炮台

澳門

④

⑥

媽閣廟

南灣人工湖

西灣人工湖

友誼大橋

澳氹大橋

澳氹大橋

西灣大橋

廣

東

省

蓮花大橋

氹仔島

路氹新填海區

賽馬場

賽馬

澳門國際機場

九澳灣

九澳村

路環島

荔枝灣

荔枝碗村

黑沙灣

黑沙村

竹灣

台灣省

　　歷史上對台灣的稱呼有瀛洲、夷洲等近十個，在有據可查的史料上，明代萬曆年間，朝廷公文中首次出現"台灣"一詞，距今300多年。1885年，清政府正式設立台灣省。

鄭成功收復台灣

　　17世紀上半葉，台灣逐漸淪為荷蘭的殖民地。1661年4月，鄭成功率2.5萬將士及數百艘戰艦，由金門進軍台灣。經過激烈戰鬥，1662年2月，鄭成功從荷蘭殖民者手中收復了台灣。

《馬關條約》割讓台灣

　　1894年日本發動甲午戰爭，翌年清政府戰敗，於4月17日被迫簽訂喪權辱國的《馬關條約》，把台灣及其附屬島嶼割讓給日本。從此，台灣淪為日本的殖民地達50年之久。抗日戰爭勝利後，台灣重歸中國的版圖。

① 台北故宮
　　中國最大的文物寶庫之一，其藏品大都源自1949年前的北京故宮、瀋陽故宮和承德避暑山莊。

② 阿里山
　　位於嘉義縣東北，以森林、雲海和日出三大自然奇觀而聞名，是台灣的象徵。

福建省

台灣海峽

石

沙丁魚

澎湖水道

澎湖
澎湖島
澎湖列島
望安島
七美嶼

彰化

甘蔗 香蕉

嘉義

芒果

台

大

濁水溪

曾

溪

台南
台南赤嵌樓

高雄
高雄港

林邊 水稻 檳榔

南海

七星

東　海

黃尾嶼。

赤尾嶼。

釣魚島。

。彭佳嶼

。棉花嶼

基隆港

基隆

淡水河

桃園

① 台北

竹

宜蘭

金槍魚

甘蔗

太魯閣

花蓮

菠蘿

台灣島

珊瑚

高山族

龍蝦

台東

綠島
（火燒島）

遠洋漁業

蘭嶼

太

平

洋

與那國島

日　本

③ 日月潭
　　位於台灣南投縣，台灣島上唯一的天然湖泊，著名的風景旅遊區。潭中小島將湖分為形似圓日、彎月的兩部分，故有此名。

④ 高山族
　　台灣島上的少數民族，主要居住在台灣中部山區和東部沿海縱谷平原。高山族能歌善舞，其杵舞和長髮舞有很高的藝術水平。

⑤ 台灣名產—蘭花、蝴蝶
　　台灣美麗富饒，有“寶島”之稱。不僅盛產水果，蘭花和蝴蝶更是舉世聞名。

釣魚島列島

釣魚島及其附屬島嶼位於台灣島的東北部，由釣魚島、黃尾嶼、赤尾嶼、南小島、北小島、南嶼、北嶼、飛嶼等71個島礁組成，總面積約5.69平方公里。

釣魚島位於該海域的最西端，面積約3.91平方公里，是該海域面積最大的島嶼，周圍海域面積約為17萬平方公里。地勢北部較平坦，南部陡峭，中央山脈橫貫東西；最高峰高華峰海拔362米，位於中部；其他尚有山峰若干及4條主要溪流。

戰略價值

根據《國際海洋法公約》，在大陸架劃分上，中國和日本是相向而不共架的大陸架，由沖繩海槽分隔。釣魚島列島位於沖繩海槽的西側上沿，屬於中國大陸架。釣魚島列島及其附近海域，不僅蘊藏有大量石油資源，在漁業等方面也有巨大的經濟價值。

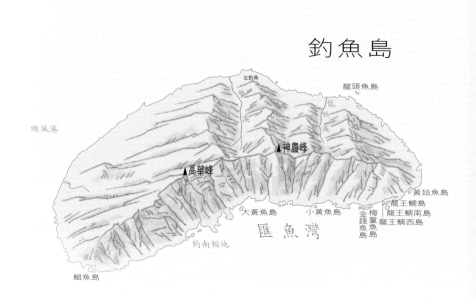

釣魚島的歷史

目前所見最早記載釣魚島、赤尾嶼等地名的史籍，是成書於1403年（明永樂元年）的《順風相送》。此外，1561年編纂的《籌海圖編·沿海山沙圖》，1605年繪製的《乾坤一統海防全圖》及1621年繪製的《武備誌·海防二·福建沿海山沙圖》，均將釣魚島等島嶼劃入中國海疆之內。1871年刊印的《重纂福建通誌》將釣魚島列入海防衝要，隸屬台灣管轄。

1894年甲午戰爭後，日本通過《馬關條約》，佔領了台灣島及包括釣魚島在內的附屬各島嶼。1900年，日本將釣魚島改名為尖閣列島。

1941年12月，中國政府宣佈廢除中日之間的一切條約。1945年10月25日，中國政府正式收復台灣及其附屬島嶼。

1971年6月美國和日本簽訂"歸還沖繩協定"，美國將釣魚島行政管理權私自交與日本。

2012年3月，中國政府公佈釣魚島及其部分附屬島嶼的標準名稱。2012年9月10日，中國政府公佈了釣魚島及其附屬島嶼的領海基線。9月13日，中國政府向聯合國秘書長交存釣魚島及其附屬島嶼領海基點基線的坐標表和海圖。

尾嶼

島

者

間島

宮古島

北嶼

飛雲島　元　小元寶島

元寶島

海

南嶼

飛嶼

飛仔島

釣魚水道

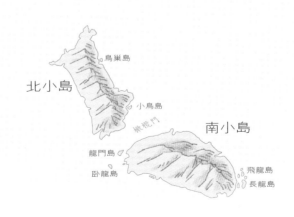

北小島

鳥巢島

小鳥島

嶼荒門

南小島

龍門島

卧龍島

飛龍島

長龍島

南海諸島

南海諸島是指中國南海南北約1800公里，東西約900多公里範圍內諸多島嶼、沙洲、礁、暗沙和淺灘的總稱，北起北衛灘、西起萬安灘、南至曾母暗沙、東止黃岩島，自北至南，大致可以分為東沙群島、西沙群島、中沙群島和南沙群島等四大群島。

南海諸島在秦代發現，唐朝到宋朝，在甘泉島建有房舍。宋之後，稱之為千里長沙、萬里石塘。海南島的漁民在這個區域設立了超過200條航線；漁民們共同使用的"更路簿"記載了100個島嶼的名字。鄭和下西洋，亦多次路過這些島嶼。

① 中沙群島

位於西沙群島東南約100公里、東沙群島西南遠方、南沙群島北方。嚴格來說，除了黃岩島外，中沙群島大部分只是一群沒有露出水面的珊瑚礁石。

② 西沙群島

由永樂群島和宣德群島組成。西沙群島上有一處唐宋時期遺址、多處明清遺址、十四座明清古廟、大量清民國時期石碑。

③ 南沙群島

是南海四大群島中分佈最廣，位置最南的群島。有230多個島嶼、礁、灘和沙洲，島嶼陸地總面積不到3平方公里，主要島嶼有太平島、中業島、南威島、鄭和群礁、萬安灘和曾母暗沙等。

④ 東沙群島

別稱普拉塔斯島，古有"月牙島"之稱，位處國際航海重要的交通樞紐，隸屬於高雄市管轄。

永興島

　　永興島面積2.3平方公里，島上熱帶植物茂盛，林木遍佈。建有辦公樓、郵電局、銀行、商店、氣象台、海洋站、水產站、倉庫、發電站、醫院等設施。還建有環島公路、機場（跑道長2400米，可起降波音737客機）、可停靠5000噸級船隻的碼頭，有班機、輪船通海南島。

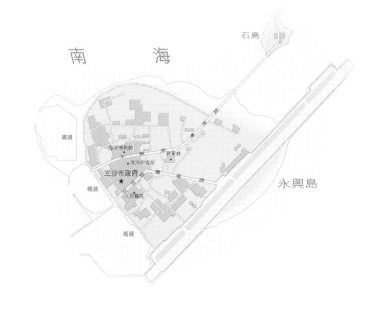

三沙市

　　2012年7月24日，三沙市正式成立。下轄西沙群島、南沙群島、中沙群島的島礁及其海域。三沙市涉及島嶼面積13平方公里，海域面積260多萬平方公里，是中國陸地面積最小、總面積最大、人口最少的城市。三沙市政府駐地位於永興島，是西沙群島同時也是整個南海諸島中最大的島嶼。

三沙市政府辦公樓

海軍收復西沙群島紀念碑

　　位於永興島，高1.49米，寬0.92米，正面刻"海軍收復西沙群島紀念碑"，旁署"中華民國三十五年十一月二十四日　張君然立"，背書"南海屏藩"。抗戰勝利後，南海諸島引起多國垂涎。1946年9月，國民政府派海軍司令部上尉參謀張君然等人率艦隊進入南海。11月23日，張君然乘"永興號"驅潛艦登臨永興島，島名因此而得。並立此碑為誌。

海軍收復西沙群島紀念碑

鄭和下西洋路線圖

鄭和下西洋

　　1405年（明永樂三年）明成祖命太監鄭和率領240多艘海船、27400名船員的龐大船隊遠航，拜訪了30多個在西太平洋和印度洋的國家和地區，史稱鄭和下西洋。一直到1433年，一共遠航了有七次之多。南海諸島，是鄭和船隊的必經之地，許多島嶼及環礁即據此命名。

南海諸島　**93**